中公新書 2642

藤原聖子著

宗教と過激思想

現代の信仰と社会に何が起きているか

中央公論新社刊

はじめに

「イスラム過激思想」という造語への疑問

近年、日本国内で「過激思想」や「過激派」という言葉を最もよく耳にするのは、宗教団体による暴力行為の文脈、特に「イスラム過激思想・過激派」という用法である。今ではすっかり定着した感のあるこの表現が、主要な新聞で使われ出したのは一九八〇年前後、つまりイラン・イスラム革命頃からである。しかし、当時は「イスラム原理主義」という用語の方が一般的だった。その後、「原理主義」は、イスラムの外からあてがわれた言葉であり、イスラムの基本に立ち戻ろうとする人々を十把一絡げにして危険視する不適切な表現であるという認識が広がった。このため、二〇〇〇年代後半以降、「イスラム原理主義」の語は徐々に影を潜め、テロ実行犯と名指される人々やIS（ISIS、イスラム国）の指導者層に対しては、もっぱら「イスラム過激派」という言葉が使われるようになった。

しかし、改めて考えてみれば、この「過激思想」「過激派」とはいったい何を指しているのだろうか？　スタートとなる問いとして、筆者が大学の授業で、「〝イスラム過激派〟とよくいいますが、そもそも過激派は何に対する言葉、何の対義語ですか？」と質問してみたところ、学生はみな虚《きょ》を突かれたような顔になった。その中で一人、五〇歳代の社会人学生がおもむろに手を挙げ、「穏健派ですよね」と正解を言ってくれた。その通りに、過激派はもともとは穏健派とセットの概念だった。それは「キレやすい人」と「おっとりした人」の対比ではなく、政治的思想・党派の違いを表していた。過激派も穏健派も、ともに社会を変革することを目ざすという点では変わらない。両者の違いは、前者はそれを急速に実現しようとし、後者は時間をかけるというところにある。今の二〇歳前後の学生がこの対概念になじんでいないのは、それが二〇世紀の共産主義・社会主義革命の文脈で使われたものであることによるのだろう。彼（女）らにとって、イスラム過激派の対極にあるのは、漸次的改良主義者ではなく、無宗教で非攻撃的な自分たちのような人間なのだろうが、それを表す言葉が見つけられず返答に窮するのではないか。

このように、「過激思想」「過激派」は、現在の日本で、理解に大きく世代間ギャップのある言葉のようである。しかし五〇歳以上の層にも、過激派・穏健派の対概念を忘れかけている人はいるだろう。また、そうではなくても、二〇世紀のいわゆる左翼思想の文脈での過激派・過激思想と、現在の宗教的過激派・過激思想の異同は何かと聞かれるなら容易には答えられないかもしれない。

これに関連して、前述の授業で、「過激派の反対は保守派ではないのですか？」と尋ねた学生がいた。二〇世紀の政治的な過激派の対極にあったものとしては、政治的保守派、あるいは守旧派は確かに一つの答えになりえる。しかし、現在の宗教的過激派・過激思想は、その多くが宗教的には「保守」に属するのである。なぜ「過激」と「保守」の関係は逆転したのだろうか。

また、学生の多くは、「宗教的過激思想・過激派」を、社会の中の多数派が、自分たちとは異なる人たちを危険視し排除したいときに使う「レッテル」だとも考えていた。確かに「過激思想・過激派」は著しくマイナスの価値を帯びた言葉であり、それが「イスラム」の語とともに頻繁に使われることがイスラモフォビア（反イスラム感情）を煽《あお》ってもいる。しかし、「過激思想・過激派」と呼ばれる団体に共通の特徴は、社会の多数派から危険視されているという点だけなのだろうか。

社会の多数派から危険視されていることが特徴だとしたら、宗教的「過激思想・過激派」と歴史上の宗教的「異端思想・異端」は同じようなものになるだろう。異端もその時代の多数派から危険視され、排除された人たちであり、第三者から見れば「レッテル」でしかないかもしれない。ところが、現代の「過激派」と近代以前の「異端」には目につきやすい大きな違いもある。それは暴力との関係である。現代の過激派は、暴力をふるうということで問題視されている。それに対してかつての異端は、ほぼどれもが暴力を受ける側だった。この逆転もなぜ起こったのだろうか。現代の過激派は、近代以前の異端とどう異なるのだろうか。

本書の目的は、これらの問いを通して、宗教に関して使われる「過激」という語の内実や「過激思想」の特徴を解明することである。実際に起きたテロ事件などの行為の分析ではなく、思想の解読を中心に進めていく。過激な行為がなぜとられたかを説明するには、行為者の動機、意図、理由、社会的・心理的原因などから探る必要があるが、それらは不明なことが多い。それに対して、文章化され出版もされている思想はアクセスしやすく比較もしやすいという利点があり、本書の読者が自ら原典を確認し、本書の読解を検証することも可能である。

また、極左やアナーキズムなどの過激思想全般を論じるわけではなく、あくまで宗教思想としての過激思想を対象とし、現代社会において変化する宗教の一つの、ただし社会的影響という点では重要な側面を探るというのが本書のスタンスである。本書のタイトルは「宗教と過激思想」だが、分析の対象は「宗教の過激思想」であり、より正確には「過激とされた宗教思想」である。便宜的に総称としては「宗教的過激思想・派」という言葉を使用する。

暴力的事件ではなく思想を対象とするため、深刻さを過小評価していると見えるかもしれない。また、宗教的過激思想に対する表面的な理解や誤解を解いていくことになるため、部分的に切り取って読むと、過激派を擁護しているようにとれる箇所があるかもしれない。しかし本書の意図はそこにはなく、あくまで宗教的過激思想はどこが過激なのか、なぜ過激なのかを分析することにより、読者一人ひとりがその思想と自分との距離を測る材料の提供を目ざす。それは、「過激思想・過激派」と他者をレッテル貼りすることを疑問に思う人にとっても、反対に、「過激思想・過激派」を取り締まり、若者が感化されないようにしなくてはいけないと思う人にとっても役に立つと筆者は考えている。というのも、現在の啓発的な報道や活動はどうも説明不足ではないかと思うことがしばしばあるからだ。

一例を挙げれば、『家族をテロリストにしないために』という、フランスでイスラム系セクト感化防止センターを設立した人類学者による啓発本がある。本国で「レクスプレス誌」のエッセー賞を受賞し、日本でも翻訳され、新聞書評などで好意的に紹介されている。帯のうたい文句は「多くの若者が、ネット動画を通じて過激思想に洗脳され、取り込まれていく。フランスで起きていることは他人ごとではない」である。その過激思想とは何なのかを正面から論じる本なのだろうと思いきや、著者は冒頭でこう切り出している。

イスラム過激派に関する最初の本を書いて以来、私は教義上の議論には決して加わらない方針をとってきた。私の役目は、社会への適応を妨害したり、自分自身あるいは他人を疎外する主義主張の影響を分析することと心得ている。「過激化」という言葉の解釈は、私と警察では異なる。つまり、私の場合は、ある人が過激な言説によって社会にとって危険な存在になる前に介入する。人類学者として、そして少年更正教育者としての私の役割は、個人を周囲の人々から引き離すあらゆる言説と闘うことだ。したがって私は、イスラム思想のさまざまな教義的根拠については決して議論しない。……

私は長年、イスラム過激派の言説が、この世界に自分の居場所がないと感じている人たちをいかにして感化し、いかにして「神の地位を得る」という幻想を抱かせるのだろうかについて研究してきた。過激派は、屈辱感や劣等感を絶大な力を有する証にすりかえる。友だちや親や先生など「ほかの人たち」に違和感を覚えるのは、真実を知る優れた人として神があなたを選んだからだ。社会になじめないのは当然だ。あなたはほかの人たちとは違う。ほかの人より分別があるのだ……と。（ブザール　二〇一七、七―八）

つまり、（この本の）著者は、過激思想というものを、それが個人や社会に及ぼす〈作用〉の面からとらえるのみで、思想の内容には踏み込まないのである。このため、過激思想の特徴づけは「劣等感をもつ若者に、自分は特別であると思わせ、居場所を与える」言説、となっているのだが、それは〈洗脳〉と呼ばれる行為のプロセスを指しているにすぎない。

このように、宗教的過激思想については、根絶しなくてはいけないといった断定的なことがいわれるわりには、それが何を指すのかが十分に認識されずにいるのが現状といえる。海外でも日本でも、非常に危険なものという漠然としたイメージのままに放置されているのである。本書ではそこをまとめて整理し、戦前の過激思想や近代以前の異端と比較することにより、私たちが直面している――いやむしろ、「過激」という言葉をあてがうことで見ないで済ませようとしているのかもしれない――問題について考えてみたい。

なお、ここまでイスラムの例ばかり出しているが、もちろん「過激派」「過激思想」と呼ばれる対象はイスラムだけではない。本書で扱う思想は、キリスト教系、仏教系、ユダヤ教系、ヒンドゥー教系、神道系に及ぶ。ただし、「宗教的過激思想はイスラムだけではない」という言い方は、日本では要注意である。イスラムに対する偏見を解消するどころか、「やっぱり宗教はどれも危険」という宗教嫌悪に行きつき、それ以上分析が深まらないからだ。

比較のために海外の例を挙げれば、二〇一五年にドイツの若者から始まり、アメリカやイギリスなどで広がった「クルアーン（コーラン）実験」というドッキリ・ユーチューブ動画のシリーズがある。聖書に「クルアーン」と書いたカバーをかぶせた上で、道行く人にその一節を読み聞かせ、反応を見るという趣向だ。読み上げる一節は、「だれでも父または母をのろう者は、必ず殺されなければならない」といった暴力的なものである。聞く側は、老若男女を問わず、やっぱりイスラムは暴力的だ、困ったものだという反応をする。ところがそこでしかけた側がカバーを外し、それが聖書だったことがわかると、みな驚き、自分の先入観に気づき、笑いながらも大いに反省するのである。つまりは啓発的なドッキリのため、好意的に受け止める人が多く、人気のシリーズになっている。ところが、同じことを日本でやるならば、必ずしも同様の効果は期待できず、むしろ「やっぱり一神教はどれも暴力的だ」となりそうだ。さらに仏教、ヒンドゥー教、神道を加えるならば、「やっぱり宗教はどれも危険だ」という感想で終わるだろう。

さらにいえば、本書で取り上げるという行為自体が、「これとこれは過激である」と筆者が認定しているように見えるというのも本書のジレンマである。しかし、目的は過激思想の認定ではなく、世間で過激思想と呼ばれているものの「正体」をつかまえることにある。多くの場合は、ある人々が社会を揺るがす大事件を起こすことによって、彼（女）らが基づく考えが事後的に「過激思想」だといわれ、問題化される。異なる社会・時代のさまざまな文脈で、宗教的背景も異にする、あれやこれやの他称「過激思想」に共通の特徴はあるのかを順に探っていこうというのが本書のアプローチである。

まず序章で基礎的な整理をした後、第1章はイスラム系過激思想から入りたい。イスラム系過激思想は、一般の報道では単に危険なものとして扱われるが、旧植民地やグローバル・サウスを起点とする西洋の覇権に対する抗議運動として位置づける同情論もある。それに対してはさらに、暴力的抗議は成功者に対するただの妬みだという批判もある。これについて筆者が注意を喚起したいのは、ISの前にイスラム国という名称の「過激」団体がアメリカの中に存在していたこと、リーダー格のマルコムXはその団体の外側でも「かっこいい」とされてきたことである。実に、「過激＝ラディカル」は、しばしば褒め言葉としても使われてきたのだ。では、思想としてはマルコムXと、現在、イスラム過激派と呼ばれる人たちはどう違うのだろうか。後者の方がより危険であり納得しがたいものなのだろうか。比較により理解の補助線を引いていく。

第2章はキリスト教系過激思想である。アメリカには後に「テロリストの父」と呼ばれるようになる奴隷制廃止運動家が一九世紀に存在したが、彼は敬虔《けいけん》なクリスチャンだった。彼の頭の中では、奴隷解放のためのテロ行為は、「敵をも愛せ」のキリスト教の信仰と矛盾しなかったのである。現在は、彼を模範と仰ぐ過激なキリスト教徒たちが、人工妊娠中絶を行うクリニックを襲撃している。かたや黒人奴隷、かたや胎児だが、いずれも社会の中で最も弱い存在に対する暴力を止めるために、暴力を使用したというケースだ。そのエネルギーは信仰からなのか、良心からか、それともまた別のものからだったのかを探究する。

第3章は仏教系過激思想である。イスラム・キリスト教といった唯一神教は絶対的な神を信じるので、善悪二元論になり、悪を根絶しようとして過激化するのだという説をよく耳にする。では二元論を超越するはずの仏教はどうなのか。このところ、戦前日本の仏教思想がいかに戦争に動員されやすかったかを改めて論じる「近代仏教研究」が盛んである。それを踏まえながらも、結果論にならない説明を試みる。

第4章ではユダヤ教・ヒンドゥー教・神道系過激思想をまとめて論じていく。これらは「世界宗教」に対する「民族宗教」として分類されてきたものである。しかしいずれも、「民族優越主義が宗教の衣をまとっているだけ」ということには尽きない要素を持っている。そこを分析することで、最終的には世界宗教・民族宗教の二分法自体を問い直していく。

第5章では現代の宗教的過激思想と近代以前の宗教的異端を比較していく。辞典・事典の類で「異端」を調べると、「正統から外れているもの」という説明ばかりで、「異端とは正統ではないもの」「正統とは異端ではないもの」という循環から抜け出ていない。現代の過激思想と比べることで、過去の異端の特徴をも新たな形でクリアにすることができるだろう。続いて、近代以前には「異端」として見られていたものが、近代以降は「過激」に変わった宗教の事例として、悪魔崇拝（サタニズム）を取り上げる。これは、第1章から第4章までは宗教の代表格のような諸伝統の中の過激思想を扱うのに対して、そういった「〇〇教」の枠に入らない事例にもなっている。

終章では、以上の分析をまとめ、宗教的過激思想の「正体」を明らかにする。

目次

序章　宗教・過激に関わるいくつかの言葉

宗教的過激思想の具体的分析に入る前に、いくつか準備作業をしておきたい。まず、「過激」という概念をほぐし、これを多角的にとらえるための視点を示す。次に、基礎的な語彙として、音は同じだが全く別の概念である「正戦」と「聖戦」について説明する。これらは「宗教による暴力の正当化」が議論される際によく使われる言葉である。さらに、聖戦の現代ヴァージョンとしてM・ユルゲンスマイヤー（一九四〇〜　）が提唱する「コス（ズ）ミック戦争」論を紹介する。

「過激」の多面性

ある宗教思想や宗教家に対して、皆さんが「過激だ」と思う場合、それは何を基準としているだろうか。実際に起きた、テロと呼ばれるような暴力的事件を比較する場合は、加害の規模・程度が過激度の第一の指標になるかもしれない。しかし本書は思想を分析するのが目的である。その場合、宗教的過激思想＝「暴力を肯定する宗教思想」というとらえ方では全く十分ではない。

というのも、「暴力」の定義にもよるが、一切の暴力を禁止する絶対的平和主義の宗教は、むしろ歴史上、例が少ないのである。逆に、「世界を破壊せよ」という教義を中心とする宗教も、想像するのは容易でも実在はしにくいようである。本書で取り上げる宗教思想はどれも社会から「過激」視されてきたものだが、いずれも世界の破壊自体を目的としているわけではない。

とすると、宗教にあてがわれる「過激」という概念には、暴力との関係のほかに、「アブナイ」「ヤバイ」と人々が感じる特徴も含まれていると考えられる。それはどのような要素だろうか。そのような要素を、対極的なオプションという形でいくつか挙げてみよう。ある過激な宗教思想Aと別の過激な宗教思想Bについて、どちらが「より過激」かを判定する場合、皆さんはどの要素のどちらのオプションを指標とするだろうか。

①その宗教（たとえば「キリスト教」「仏教」）において中心的な要素に基づいている思想か。

それとも特異な要素に基づいている思想か。

②大勢に受け入れられている（共感を呼びうる）思想か。それとも一部の人のみに支持されている（されうる）思想か。

どうだろうか。考えれば考えるほど、「どちらともいえる」と思えてこないだろうか。「過激派」は極めて特殊な人たちだから過激なのだというイメージがあるかもしれないが、その思想がありふれたもので、かつ多くの人の支持を集めるような内容である方が「アブナイ」といえなくもない。「過激」という言葉から皆さんが抱く第一印象をいったん脇に置き、過激性の多様な側面をとらえるために、さらに要素を考えてみよう。

③両面性があるか。すなわち、同じ思想が、戦争にも平和にもつながる場合と、前者のみを肯定する場合では、どちらがより「過激」か。あるいは、一般に攻撃的だという印象がある（偏見をもたれている）宗教が、過激な行動を促す場合と、その反対に平和的だという印象がある宗教が、過激な行動を促す場合とでは、どちらがより「過激」か。

④勢力範囲を世界に拡張しようとしているか、それとも世界に背を向け、同志のみで固めることで先鋭化を目ざしているか。

⑤信仰が先行しているか。政治目的や自己実現・表現欲求が先行しているか。すなわち、信仰内容が暴力行為を肯定しているのか、それとも政治目的や自己理由による暴力行為を、宗教の教義を使って正当化しているのか。
⑥民族性の有無（民族優越主義に結びつきやすい場合の方がより「過激」か）。
⑦論理的に根拠を示し説得性を高めようとしているかどうか。
⑧思想を広める対象は、成人か子どもか。
⑨過激であるということに自覚があるかどうか。
⑩当局（為政者側、体制側）から危険視されているかどうか。

①〜④は、その思想自体の特性、⑤⑥は、思想外の原因との関係、⑦⑧は、思想を伝達する際の方法、⑨⑩は、その思想の社会の中での位置に注目している。いずれの要素についても「どちらともいえる」ところがある。本書で見ていく思想も、片方のオプションに限定されることは全くない。子どもを対象としたものもあれば大人を対象としたものもある。信仰ファーストもあれば民族ファーストもあるといった具合である。

また、このように並べてみると、「過激である」という評価には、大きく二つの面があることが見えてくる。一つは、前述の「過激派」の従来型定義に従い、「より過激である」とは、より急進的で、目的の速やかな実現には暴力をも辞さないという考え方がより強く、またその思想に人を取り込む力がより強いということだとする評価のしかた。①⑤⑦⑨にはこの面が強い。もう一つは、その思想を知った人に、特に部外者に、より大きな恐怖や驚きなどの情動を引き起こす思想を「より過激である」とする評価のしかたである。③④⑧⑩にはこの面が強い。前者を「**思想内在的過激性**」、後者を「**外部反応の過激性**」と呼んでみよう。

これら二つの面はまた、英語と日本語の表現上の違いにも関係がある。過激派の「過激」は英語では「radical」だと思っている人が多いかもしれないが、宗教的過激思想・派には「極端 extreme」という語が使われ、「religious extremism/extremist（宗教的極端主義・主義者）」と表現されることが一般的である。語義の上では、「極端主義」は、ある宗教思想が、その宗教において相対的に極端であることとしか指さない。『オックスフォード英語辞典』では、形容詞の「extremist」は「極端な意見をもつさま」、名詞のそれは「極端な方向に行く傾向がある人、極端な意見を持つ人、もしくは極端な方法を主張する集団の一員」と定義されている。「extremism」はその派生語の抽象名詞であり、必ずしも暴力的行為を肯定することを意味しない。たとえば、アメリカのアーミッシュと呼ばれるプロテスタントの一派は、その信仰に基づき電気やガス・自動車・電話などを拒否し、今も一八世紀の生活様式を維持しようとしている。ということは、その点においてアーミッシュの思想は「極端」だが、同時にテロリストとは対極的な、平和的な人々として知られている。このような人々も「extremist」であるのに対して、日本語の宗教的「過激思想・派」は、もっぱら武力に訴える危険性としての反社会性を指す言葉になっている。すなわち「extremism」が「思想内在的過激性」、「過激思想・派」が「外部反応の過激性」に対応している。

もっとも、実際の語法としては英語の「extremism」も多様で、テロリストと同義に使われることもある。そのためか、『日本語版ブリタニカ国際大百科事典』では、「過激主義」に「extremism」、「急進主義」に「radicalism」の英語があてられている。「extremism」は破壊を目的とした暴力性を特質とし、「radicalism」は思想上の立場であり、必ずしも暴力的ではないと説明されている。また、これらの言葉の最近の用法を分析したイギリスの宗教学者による二〇一三年の論文（Miller 2013）では、「宗教的極端主義は（「極端性」を構成しているのは何かという点についてコンセンサスを見つけるのは難しいかもしれないとはいえ）、宗教の名のもとにとられたテロ行為とは大いに異なる」のに、英政府やメディアは、極端主義者はみなテロリスト予備軍だという見方を広めていると問題視している。

よって、「思想内在的過激性」よりも「外部反応の過激性」に注目してこれらの語を使うという傾向は、日本語あるいは日本だけでなく、英語圏あるいは欧米にも共通しており、しかも強まっているのかもしれない。また、「過激」のもう一つの対応語である「ラディカル」

という語には、かつては（今も生きているかもしれないが）「かっこいい」という意味合いもあった。これは日本語だけでなく英語の「radical」にもいえることであり、自ら「ラディカル」を名乗ることもあった。それに対して、現在の「extremism/ist」は反社会的思想・集団を指すための他称としてばかり使われている。その変化の原因として一つ考えられることは、特に「過激派」といえば政治的過激派を意味した二〇世紀中葉と現在を比較していえるのは、ドイツの社会学者U・ベックなどがいうようなリスク社会化だろう。すなわち、リスク・マネジメントの観点から社会をとらえ、ものごとを考えるので、思想の中身がどうかというより、外部から見て／外部にとって危険そうな集団がマークされるようになり、言葉もそのために使われているのである。この傾向に対して、「思想内在的過激性」もしっかり押さえていこうというのが、本書の姿勢である。

宗教は武力行為を正当化するのか――テロと正戦・聖戦

「宗教と暴力」というテーマを議論する際、決まって登場するのは「正戦 just war」と「聖戦 holy war」という言葉である。日本語では音が同じで混同されやすいが、前者は「正戦論」という理論で用いられる概念である。正戦論は、次の引用（藤原帰一『「正しい戦争」は本当にあるのか』）で問題にされているような、9・11テロ後に盛り上がった「正しい戦争はある」論と同じではない。

――いま、実感として世界で戦争が増えてってますよね。九・一一テロ事件の前までは、日本の世論では戦争って、自分たちとは関係がない時代遅れの代物、というような感覚で受けとめられてたと思うんですよ。ところがアフガニスタンやイラクでの戦争、それから北朝鮮問題などが出てきたら、国内の雰囲気もじわじわと、でも確実に、変わっちゃいましたよね。それこそイラク派兵というような、いままでの絶対的なタブー、自衛隊を中東まで派遣するっていう法案まで作った。そこで、じゃあもう一度戦争ってなんなんだ、っていうことを考えてみたいんです。イラク派兵に世論も表立って反対しないっていうのは、戦争には正しい戦争があるんだ、その戦争に加担するのは正しいことだ、っていう理屈があって、それにみんな引きずられているわけですよね。だって悪いのはフセインじゃないか、北朝鮮をほっとけないだろう、挙げ句の果てには核武装しようなんて議論が出てきてる。その根底には基本的に「正しい戦争がある」っていう論理があるんだろうと思うんです。じゃあ、なんなんだ正しい戦争って、本当にそんなものあるのかよ、っていうお話をうかがいたいんですけれども。（藤原 二〇〇三、一〇―一一、傍点筆者）

それでは「正戦論」とは何なのか？「宗教と暴力」に直結する範囲で説明しておく。先に「聖戦」の方を見よう。古典的な「聖戦 holy war」の定義としては、キリスト教の文脈に即したものとして次のような例がある。

その原因・大義が宗教的であり、神の下で神の助けをえて戦われる。味方は信仰者、敵は不信仰者であり、敵は滅ぼすに値する。（Bainton 1960, 148）

「ジハード」については、『岩波　イスラーム辞典』の定義では

聖戦、義戦。原義は、神のために自己を犠牲にして戦うこと。……ジハードは、信仰とウンマ（イスラーム共同体）の防衛・拡大のためにウンマに課せられた連帯的義務であり、健康な成人ムスリムがカリフ（ハリーファ）またはスルターンの指名により従軍する。敵の侵略などに際しては、郷土防衛の個人義務が生じる。……

となっている。強調点や論じる視点は違うが、いずれも「神によって正当化されている

（と当事者が信じている）戦い」を指している。

次は「正戦」論である。これは宗教思想とは限らないが、歴史的には、アウグスティヌス、トマス・アクィナスなどの代表的なキリスト教神学者が論じてきたものである。古典的には、正戦とは、攻撃に対する防衛、攻撃者に対する罰、攻撃者が奪ったものの取り返しを指すが、その後、「戦争に訴えることの正当化 jus ad bellum」と「戦争の遂行のしかたの正当化 jus in bello」に分けられて細分化した。アクィナスの正戦論は前者であり、戦争の条件として、（防衛などの）正当な理由があること、国家や為政者といった正当な権威を持つ者により宣言され、統御されること、平和・正義を実現するというよい目的のために行われることが挙げられた。これに「戦争の遂行のしかたの正当化」、さらに「戦争終了後の状態の正当化 jus post bellum」を含めて、現代の文脈に置き直したものとして次の例がある。

①軍事行動による利益の程度がその原因となった危害の程度を明らかに上回っている（＝事態を改善することが目的とされていなければならない）。
②非戦闘員の殺傷をできる限り避ける（かつ、目的を達成するのに必要以上の兵力を使わない）。
③軍事行動は最後の手段としてとられる。
④軍事行動は成功する可能性が高い（＝勝利の見込みが高くなければならない）。

⑤責任ある権威によって行われねばならない（＝国連のような、権限を認知された機関によって、戦争が認められていなければならない）。
⑥軍事行動をとるべき道徳的理由がある（＝まっとうな／しかるべき理由がなければならない）。
（同時多発テロ後のギャラップ社の世論調査で用いられたものに、筆者が補足）

正戦論の適用例として、アメリカのキリスト教倫理学会（Society of Christian Ethics）が、同時多発テロ後のアメリカによるアフガン攻撃を「正戦」と判断した理由は以下のものだった。

①正しい理由がある
アフガン攻撃はアメリカにとって正当な自己防衛である。西洋社会に対し、アルカイダがこれ以上野蛮な攻撃をしかけるのを止めるためのものである。
②無差別ではなく、非戦闘員（一般市民）と戦闘員を区別した
smart bombs（賢い爆弾）を使い、一般市民が的とならないよう努力した。一般市民が全く犠牲にならなかったわけではないが（一説によれば四〇〇〇人が死亡）、第二次世界大戦と比べれば改善されている。第二次世界大戦には、正しい理由はあったが、方法は必ずしも

正しくなかった（ナチと全体主義に対する戦いという点では正しかったが、多数の市民を犠牲にした）。

③勝利後、アフガンの被った損害を埋め合わせる

これは現在進行中。湾岸戦争のときは、イラクを破壊しすぎた。アフガンに対しては、これから経済援助により復興を支援し、国家を立て直す予定である。

さて、「聖戦」と「正戦」はどう違うだろうか？「なんだ、同じじゃないか。両方とも自分たちの戦争の正当化だ。しかもキリスト教倫理学会がアフガン攻撃を肯定していたなんて、なんて恐ろしいんだ」と思われたかもしれない。そこで違いがわかるように説明すれば、「正戦」論とは、過剰な暴力を防ぐための倫理的な規制である。このため、宗教団体や宗教者は、正戦論を用いて、自分たちが所属する国家による戦争を批判することもある。

他方、「聖戦」を自覚的に行う者たちには、正戦論を考慮する者もいればしない者もいる。正戦論の⑥「軍事行動をとるべき道徳的理由がある」ということのみに基づく戦闘行為である場合、その聖戦の暴力の容認度は最大になる。しかもその道徳的理由は、当事者にとっては宗教的・超越的権威に基づくものだが、社会全体から承認されるわけではない。当事者から見て聖戦、国際社会から「テロ」といわれるケースは、その理由が独善的でしかないとみ

なされる場合である。

一般には、「宗教は本来平和を希求するものであり、暴力とは無関係であるべきだ」、また「宗教的過激派は自分たちのテロを聖戦視している」という見方が多いかもしれない。だが、このように概念を精査すれば、一方では、過激視されていない宗教団体も制限付きで武力行為を肯定するケースがあることが、他方では、聖戦を遂行する人たちの暴力に対する態度も一様ではないことが見えてくる。実際に、次章以降で検討する宗教的過激思想には、ところどころ正戦論も含まれている。アフガン攻撃を肯定するキリスト教倫理学会とどう違うのかは思想の内容と文脈を明らかにするまではわからず、それが次章から試みることである。

「コスミック戦争」という新しい宗教テロ

もう一つ、「聖戦」とともに最近宗教研究においてよく使われるようになった概念に、「コスミック戦争（仮想戦争）cosmic war」がある。これはアメリカの宗教学者、M・ユルゲンスマイヤーが二〇〇三年（初版一九九九年）に『グローバル時代の宗教とテロリズム』で提唱し、ほかの研究者にも広がった言葉である。ユルゲンスマイヤーは、アルカイダ、マイケル・ブレイやティモシー・マクベイ（ともにアメリカのプロテスタント保守派）、イスラエルのカハネ主義者、オウム真理教などによるテロ事件を対象とし、これらの武力行為は、十字軍を典型とするような従来の聖戦とは異なる、現代的特徴を帯びていると考え、それを指すために「コスミック戦争」という言葉を作った。

その現代的特徴とは、明確な「政治的戦略」の現れというよりも、「公衆の面前で演じられるパフォーマンスの形態」であるとユルゲンスマイヤーはいう。すなわち、一九九〇年代前後から続発するそれらのテロ事件は、実効性を周到に計算してとられた手段というよりも、「絶望的な状況に置かれ、共通の意識にささえられている集団にたいして力を与えることを目的とした象徴的な表現行為」である。

そして、宗教はそれらのテロ行為にどう関係するのかといえば、①「殺害行為に道義的正当性を与える」(これは前述の「聖戦」と同じ)こと、さらに②「テロ行為の実行犯に対して、自分たちは聖典に描かれたシナリオどおりに戦っているのだと信じ込ませる「コスミック戦争」のイメージを宗教が提供している」とされている(ユルゲンスマイヤー 二〇〇三、一〇)。つまり、ユルゲンスマイヤーの考えは、これらの「宗教テロ」と呼ばれる最近の事件において、宗教は暴力の直接的「原因」になっているわけではないが、それを道徳的に正当化し(①)、さらに特定の宗教的世界観に基づいた解釈を提供し、イメージを膨らませる(②)というものである。そしてその二点目の特徴を指すのに「コスミック戦争」という言葉を用いている。彼が他所で改めて定義しているところでは

「コスミック戦争」は、現代世界の宗教に関わる暴力事件の多くが基づいている、善と悪、正義と不正、秩序とカオスといった空想的な力と力の間で展開されているとイメージされた戦争である。こういった超越的・超俗的イメージが社会的・政治的現実にしっかりと重ねられることで、通常の武力抗争が聖なる対立へとスケールアップされるのだ。
（Juergensmeyer 2016）

これを受けて、イラン系アメリカ人の文筆家・宗教学者、レザー・アスラン（一九七二～　）は、十字軍のようなかつての「聖戦」が、ライバル宗教集団が物質的利害のために戦う「地上の戦争」だったのに対し、現在の「コスミック戦争」は「儀礼的ドラマ」であり、当事者が「実際には天上で起こっていると信じている戦争」を「地上でも実行に移す＝演じている act out」のだとまとめている（Aslan 2010, 5）。

本書の次章からの分析は、ユルゲンスマイヤーが『グローバル時代の宗教とテロリズム』で取り上げた諸事例の元にある思想をほぼ全てカバーしている。筆者の見るところ、コスミック戦争概念は現在の「宗教テロ」の一面を巧みにとらえている。だが、彼の「宗教は暴力の直接的「原因」になっているわけではない」という前提には、やや彼自身の宗教観が入り込んでいるかもしれない。人は宗教をただ信じるだけで暴力的になることはないとして、宗教を擁護したいのだろう。しかし、何らかの目的が先にあり、宗教は後からそれを正当化するのに利用されるのだと最初から決めつけてしまうと、宗教と政治やナショナリズムの関係の諸相が見えにくくなる。それに対して本書はその関係にダイレクトに切り込んでいく方法をとる。

コスミック戦争論にはもう一つの問題がある。ユルゲンスマイヤーは、キリスト教・イスラムに共通する終末論をモチーフにしたこの概念を、多様な宗教に対して一律に適用する傾向がある。その一例は彼のオウム真理教事件の分析である。世界では一般に仏教は平和的な宗教であり、東京は安全な都市だと思われている。その東京で仏教の「流れを汲むと称する」オウム真理教がサリンを用いたテロ事件を起こしたのだから、彼の研究にとっても重要な事例である。そこでオウム事件は『グローバル時代の宗教とテロリズム』でも一章を割かれているのだが、彼はそれもまたコスミック戦争であるとする。

調べてみて分かったことだが、オウム真理教による襲撃の眼目は大量殺人ではなく、目前にさし迫っているとする、この世の終末を告げる戦争に関する教祖の予言の正しさを証明することにあったのである。（一九八）

麻原によって描かれたもっとも劇的なシナリオはハルマゲドンだった。その考え方によれば他者の生命を奪うことも正当化されていた。麻原はひとたび「コスミック戦争」が勃発すれば通常のルールは何の役にも立たないと言った。「世界経済はいつか行き詰まりを迎える」と麻原は予言した。予言が行われたのは一九九〇年代半ばだったが麻原は一九九九年八月一日ころ、とその期日まで明言した。「大地は激しく震え、巨大な壁のような水が地上のあらゆるものを洗い流すだろう。そうした自然災害に加えて核兵器の恐怖もやって来る」と麻原の予言は続いた。その恐るべき戦争では神経ガスも使用されるが、とりわけサリンガスが使用されるであろうと予言された。(二一九—二二〇)

ハルマゲドンという宗教的世界観に基づいた世界最終戦争を実行に移した＝演じたのが地下鉄サリン事件だったから、これはコスミック戦争だというのである。確かに、それを自作自演だと思っていなかった多くの信者たちは、フリーメイソンなり、CIAなり、米政府なり、麻原が「敵だ」と名指した悪の勢力がいよいよ攻めてきたと信じ込んだ。また、事件を実行した幹部たちは、実際に攻め込まれる前に、日本政府は無力で、オウム真理教に入るしかハルマゲドンを生き残る道はないと世間の人々に思わせようと図ったということはあった。

だが、日本では、麻原がチベット仏教の「ポア」(死者の魂をより高い世界へ移すこと。転じて慈悲心からの殺害行為)の概念を拡大解釈して殺人を正当化したという点の方が、ハルマゲドンよりも問題視されてきた。この「ポア」の概念に注目することは、戦争のイメージで宗教テロをとらえてきたこれまでの宗教的過激思想・派研究に対して新しい視点を入れることになる。

そのようにいうと、いや、ちょっと待て、オウムはそもそも宗教ではない、いいかげんな思想に基づく宗教もどきであり、宗教的過激思想としてまともに論じる価値もないという人もいるだろう。「はじめに」で、本書は「これとこれは過激思想である」と認定するために事例を選ぶわけではないと断ったが、同様に「これは過激だが、なお宗教といえる」という認定をするわけでもない。そのような論じ方は、何らかの理想の宗教像を論者が前提にし、それを基準に宗教と非宗教を振り分ける行為だが、その種の規範的なアプローチを本書はとらない。とはいえ、まともに論じること自体がオウム擁護になるという懸念も理解できる。そこで本書では第3章において、直接の分析対象は現在のチベット仏教で行われている焼身行為とし、それに対して慈悲心からの殺害に関する思想がどのように適用されているのかを分析し、その思想との比較によりオウムの「ポア」の特殊性を明確化することを試みたい。限定的に、しかし「キモ」の部分はしっかり論じるということである。

第1章 「アンチ西洋」ではくくれない——イスラム系過激思想

まずイスラム過激派と呼ばれる人々の思想から始めよう。というと、もうそれだけでイスラムに対する偏見を助長していると非難されそうである。過激派といえばイスラム、と決めつけんばかりの導入は何なのかと。確かにイスラモフォビアの問題は深刻である。だが、本書では「イスラムは本当は平和な宗教なのです」といって済ませるのではなく、その中の過激とされる思想はどのようなものなのかを直視していくことにする。それによって社会の中にある宗教の姿をよりよく理解できると考えるからだ。この本書のアプローチの特性をまず理解していただくためにも、ステレオタイプ化しているイスラム系過激思想からあえて始めることをご了解いただきたい。

1　再来するサイイド・クトゥブ——アルカイダ・ISの源流とされる思想

二〇〇一年アメリカ同時多発テロに関与したアルカイダや二〇一〇年代に台頭したISに大きな影響を与えたといわれる思想家に、サイイド・クトゥブ（一九〇六〜六六）がいる。イスラム原理主義、あるいはイスラム主義（これらの語の意味・包摂範囲は論者によって異なる）と呼ばれるようになる、二〇世紀の潮流の嚆矢とされるエジプトのムスリム同胞団を率いた人物である。現代イスラムの過激思想といえばまず名前が挙がるのが彼だ。ではそれはどのような思想なのか。代表作『道標』（一九六四年）を見てみよう。

異教撲滅がねらいではなかった

イスラム過激派というのは、異教徒を何よりも敵視し、一人残らず消し去ろうとしている人たちだと思っている人が多いかもしれない。ところが、『道標』では、目次からもわかるように、「異教徒を殲滅《せんめつ》せよ」というメッセージが大きく打ち出されているわけではない。第4章「アッラーの正義を貫く奮闘へ——ジハードの命令」には、「多神教徒、不信仰者との協定と戦い方」という節がある。そこには、確かに預言者ムハンマドの時代に「〔神が〕

『道標』目次

多神教徒と背信者については、聖戦を布告し妥協の余地なく徹底的に攻撃するように〔預言者に〕命令した。預言者は、多神教徒に対しては戦いによって、背信者に対しては説教と議論によって聖戦を遂行した」(クトゥブ 二〇一五、三二一)ということが起こったと書かれている。しかし、では現代の自分たちはどうするのかというと

イスラーム運動は、説教と説得によって思想と信条を改革する。また、人々が思想と信条を改革しようとするのを妨害し、逸脱した道を歩むことを強制し、全能の主にではなく、人間に奉仕させるジャーヒリーヤ体制の権威と組織を排除するためには、イスラーム運動は物理的な手段と聖戦に訴える。

この運動は思想と信条の改革を強制しないが、また物理的な権力に対抗する手段を、単に説教だけには限らない。説教と聖戦はイスラームの信仰において、同等に重要なのである。人間への隷従状態から解放され、アッラーだけに奉仕することを希求する人々を解放することが、イスラームの目的であるからだ。(三二三)

という主張が繰り返される。「ジャーヒリーヤ」とは「無明(の時代)」という意味で、ムハンマドが布教する以前のアラブ社会の(多神教の)時代を指すが、クトゥブはこの言葉で

現代の非イスラム的社会体制一般を表している。すなわち、多神教徒の社会だけでなく、ムスリムが多数派である国でも真のイスラム社会とは言いがたい場合は、「ジャーヒリーヤ体制」に含まれるのである。しかも、過激派と呼ばれる彼といえども、信仰の強制はしないと明言している。

では、他宗教攻撃が直接の目的ではないとしたら、クトゥブはいったい何を目ざしているのか。何を問題視しているのか。少なくともテキストからわかることは、『道標』の最優先課題は、異教徒に「コーランか剣か」で迫り、改宗しないなら死を与え、世界をムスリムだけの国にしようということではない。「アッラーだけに奉仕することを希求する人々」、すなわち信仰に基づいた生活を送りたいムスリムたちが、そうできない状況を改善しようとしているのである。

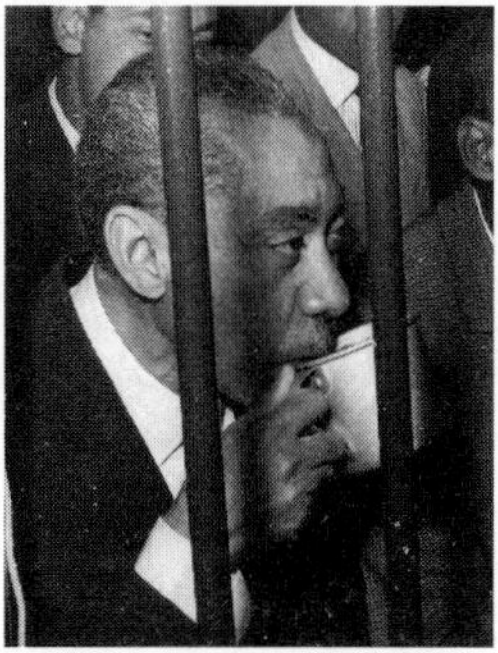

サイイド・クトゥブ　AFP/アフロ

つまり、問題なのは、そのような生活を妨げている為政者であり、さらに特定すれば、それは何よりもまず同時代のエジプトのナセル政権だったのである。ナセルはイスラムという宗教ではなくアラブ民族主義という世俗的な思想によって、王制から共和制への転換を図るが、その後自ら独裁者化していった。「人間への隷従状態」

とはまさにナセルという非イスラム的独裁者に支配された社会、クトゥブのようなムスリムが生きづらくなるばかりの社会のことを指していた。これを真っ向から批判したクトゥブは『道標』執筆後間もなく、国家転覆容疑のため処刑されてしまった。

ムスリムにとっての義務は、これは過激派だけでなく一般の信者にとっても同様だが、神から見て正しい秩序に従う社会を積極的に作り、それを世界に広げていくことである。ところが、クトゥブの時代には、中東イスラム圏の国家の中で、その義務の遂行に対する妨害が起きていた。そのような妨害は、一方では欧米列強に従い、イスラム法の代わりに世俗的な市民法を受け入れ、資本主義を導入し、利権を得ようとする為政者や特権階級、他方では近代派のイスラム思想家から来ているとクトゥブは認識していた。次の引用中、「彼ら」とは、そのような近代的な解釈を試みるイスラム学者、クトゥブの言葉では「現在のムスリム世代の悲しむべき状況の産物であるこのグループの思想家たち」、「精神的、理論的な武器を捨てた敗北者である」名ばかりのムスリムたちを指す。

彼らは、「イスラームは自衛のための戦争だけを規定している」と言い、地上のあらゆる不正を排除して人々にアッラーだけを崇拝させ、人間への隷従から人間の主であるアッラーへの奉仕に人々を連れ戻す手段を、イスラームから剝《は》ぎ取ってしまっている。

しかし、イスラームの本質は、人々が信仰を選択できる自由な環境を整えることであり、人々を力ずくで入信させて、アッラーに奉仕させることではない。

　イスラームが廃絶したいと欲しているのは、信仰を選択する自由を侵害している抑圧的な政治制度や独裁であり、このような制度を廃絶した後に、イスラームに入信するか、入信しないでジズヤを払うかの完全な選択の自由をイスラームは保障している。（三二四）

　やや論理を追いにくいかもしれないが、そういった近代派は、聖戦という意味の「ジハード」を、自衛に限定している。「コーランか剣か」は聖戦の誤った解釈だったとするのである。これに対して、クトゥブは、ジハードの理念を信仰の強制なのか自衛なのかの二項対立でとらえる出発点がそもそもおかしいと考える。彼の理解では、ジハードは、信仰の強制ではなく、近代派がいうような自衛（武力攻撃を実際に受けた時のみ戦うこと）でもなく、人々がイスラムという信仰を選択できる自由な環境を積極的に整えることである。「イスラムという信仰を選択する」には、単に西洋民主主義でいう内面的信仰の自由が保障されていれば十分なのではなく、イスラム法に従って毎日生活する環境の整備が必要である。よって、エジプトなどのイスラム諸国ではイスラム法を国家の法として採用すべきだし、それ以外の国とは少なくとも条約によって、ムスリム移民の信仰の自由を確保することが、ムスリムにとってての義務だというのである。

問題意識は西洋知識人にも通じる

もちろん、ナセル政権の外に位置する西洋諸国に対してもクトゥブは対決の姿勢を鮮明にしているが、それはそれらがキリスト教徒の国だからではない。帝国主義、植民地主義、資本主義・物質主義ゆえに、という方が近い。しかし、『道標』が興味深いのは、いずれにせよ「欧米は敵だ。叩き潰せ」という掛け声から始まってはいないということだ。この書の序章で展開されるのは、西洋人も社会を改良しようとしたが、その試みはことごとく失敗したため、理念を失った人類は危機に瀕《ひん》しているという時代認識である。欧米に対する憎しみがぶつけられているのではなく、民主主義も社会主義ももうダメだ、上手く機能していないという――二〇二一年現在のリベラルな人たちが口にしているのと寸分違わないような――ことを述べているのである。クトゥブの思想はイスラム・オリジナルというよりも同時代の西洋の思想家に影響を受けたものだという指摘もあるが、だからこういう論調になったというわけでもなさそうだ。トーンをとらえていただくために、冒頭から数段落連続して引用する。

人類は、健全な発展と真実の進歩に欠くことができない価値観を失ってしまったがために、今や滅亡の瀬戸際に立たされている。しかしこの状況そのものが、人類滅亡の危機の原因ではない。なぜならば、人類滅亡という危機的状況は病の本質そのものではなく、健全で真実の価値観の喪失という、真の疾病に起因する一症状にしかすぎないからである。西側の研究者たちでさえ、西洋文明は人類の導きのために健全な価値観をもはや提供することができず、またその文明自身の良心を満足させ、その存在を正当化する何ものも保持していないことを認識している。(二六二)

というように、主語はムスリムではなく人類であり、視野は地球全体である。そしてそこでは西洋発の民主主義が「不毛の状態」に陥っており、それを救うはずの社会主義も既に限界を露呈しているとクトゥブは論じる。

社会主義理論のうち最も有力なマルクス主義は、信条に基づく生活様式として当初は東側のみならず、西側でも多数の人々を魅了した。しかし、マルクス主義はいまや知的に敗北しており、世界には真のマルクス主義国家は一国たりとも存在しないと言っても誇張ではない。

マルクス主義理論は、人間の本性と必要性に反する。マルクス主義は衰退しつつある社会で、あるいは一定期間抑圧された後、その抑圧ゆえに従順で卑屈となった社会でのみ繁栄する。しかし、そのような究極の状態の下でさえ、マルクス主義経済構造の根幹である唯物経済システムは、崩壊している。欧州と中米の共産主義諸国のリーダーだったソ連自身が食糧不足に悩んでいる。帝政時代のロシアは余剰な食糧を生産していたが、現代では食糧を輸入するために、外貨を放出しなければならない。この主要な原因は、集団農法の失敗であり、もっと根本的な原因は、人間の本性に反するがゆえのマルクス主義の欠陥にある。(二六二—二六三)

このように西洋から生まれた指導理念が失墜したことにより、西洋による人類の覇権も衰退しているという。

西洋の時代が終わったのは、根本的には、西洋を人類の覇者たらしめたそのシステムが、その活力の源泉となった価値観を喪失したからである。

新しい指導理念は、これまで西洋には知られていなかった高い理想と価値観を人類に提供しなければならない。それは、建設的かつ実践的な生活様式の中において、人間の本性との調和を回復する確固たるものであり、この新しい理念によって、ヨーロッパの創造力がこれまでもたらしてきた物質的果実は、初めて持続、発展する。(二六三)

一般の「イスラム原理主義」に対するイメージとズレるのではと思われるのは、クトゥブは物質的・経済的繁栄を否定しているわけではないということだ。「イスラームでは、物質的進歩を否定せず、また物質的な発明を禁じてもいない。……むしろイスラームは物質的な繁栄と創造性を人間に与えられた義務であると考える」(二六四)。とはいえ物質的・経済的繁栄だけではまともな社会にはならない。社会を導く理念が必要である。だが、民主主義に代わって平等な社会を作り出す理念として期待されていた社会主義は、結局、ソ連でもどこでも成功していないではないか、とクトゥブは『道標』出版の一九六四年の時点で言い放っている。特に注意していただきたいのは、マルクス主義批判においても、クトゥブは、「唯物論は神の存在を否定する悪魔の思想だ」と危険視するのではなく、ましてやユダヤ人の陰謀だとするのでもなく、人間の労働意欲を引き起こせないという意味で人間の本性に反する試みであったと、社会主義自体の限界を指摘しているところである。

では、社会主義の限界を乗り越え、人類を搾取なき持続的発展に導くことができる理念はあるのか。クトゥブはそれこそイスラムが提供するものだという。

イスラームこそ、そのような価値観と生活様式を保有するただ一つのシステムである。……この死活的かつ混迷の次期に、人類が必要とする価値観をイスラームが保有していることにより、イスラームとイスラーム共同体の時代が到来したのである。（二六三―二六四）

なぜイスラム「のみ」が解決策だと断言できるのだろうか。その確証はどこにあるのか。理由は簡単で、イスラムの法は神が定めたものだから完全であるのに対し、有限な存在である人間が作った思想は何であれ不十分なものに留まるから、である。というのも、人間が作る思想では、人間が人間を支配するという構図を残してしまうからだと彼は論じる。そのような思想に基づく社会体制、すなわち「ジャーヒリーヤ」体制では

人間が人間の上に君臨するよう仕向ける。それは、万物の法則に反することであり、人間の本性と人間の生における自発的な面を対立させる。（三一二）

この点において、西洋社会の民主主義・社会主義にせよ、ナセル政権のアラブ民族主義に

せよ、等しく「ジャーヒリーヤ」である。ジャーヒリーヤが「人が人を支配する社会をつくる運動」であれば、イスラムは「人の上に人をつくるな」(三一〇)とする思想であり社会体制である。

古往今来、人類の歴史の全期間を通じて、アッラーのメッセージは常に同じだった。その目的はイスラームである。それは、人類を唯一、真実の究極的存在への奉仕に献身させるため、アッラーにのみ隷属させ、人間への隷従から解放すること、また人間にアッラーの支配権と権威を承認させ、生活のあらゆる局面で聖法(イスラム法、シャリーア)に服従させるため、人間の支配、人造の法律、価値体系、伝統の軛《くびき》から人間を解放することである。(三一一―三一二)

もちろんこの論理では、完全に正しく善である神が存在し、神が啓示した法は完璧なものであるということが先取りされており、そこは経験的には(科学的には)証明されていない。よって、信者以外には通用しにくい論理である。現代において普遍化するにはそこに限界がある、と指摘することは容易だろう。

だが重要なのは、以上のような考え方を『道標』がベースにしているということを私たちいての、「人類の敵」となる「イスラーム社会以外の社会は人類の敵である」という、字面だけ見るといかにもセンセーショナルな見出しをつけた節についても、受け止め方が変わってくる。これは「イスラムの敵」ではなく「人類の敵」としているところがポイントである。この節は、イスラム社会以外は悪魔の支配下にある敵国だ、といっているのではなく、帝国主義は植民地の人間を虐げ、社会主義（共産主義）も人間の為《ため》になっておらず、人類の幸せへの展望が全く開けていない、と論じているのである。

現代にも多種多様な社会が出現した。ローマ文化の継承者とされる大英帝国は、国家の欲望を土台としている。英国が覇者であり、帝国の植民地を搾取した。他のヨーロッパ帝国も同様である。……

共産主義も人種、肌の色、民族、地理の障壁を乗り越え、新しい社会を建設しようとしたが、社会秩序は階級制度に基づき、人間関係を基盤としていない。共産主義社会は、階級が逆転したローマ社会のようなものである。そこでは、貴族階級が差別され、プロレタリアートが特権を有している。……

……共産主義の見解では、人類に最も基本的な必要性は動物と共通しており、それらは食物、収容所、セックスであるという。彼らの見解では、人類の歴史の全体が食物のための闘争以外の何ものでもない。

そうであるならばイスラームは、最も気高い人間の特性を育成、発展させる人間的な共同体を建設する唯一の神聖な生活様式である。この点でイスラームは独自性を保ってきた。このイスラームの体系から逸脱、ナショナリズム、肌の色、人種、階級闘争、その他いかなる腐敗した理論の体系であろうと、イスラーム以外のシステムを要求する者は、疑いなく人類の敵である。（三一八―三一九）

人類を救うのはただ一つ、イスラムだというのはこのように自明の理とされている。しかしそれでも、前述のように、イスラムへの強制的な改宗を求めるわけではない。クルアーンに、宗教を強制してはならないと書かれているからである（2:256）。ムスリムとしてやるべきことは、イスラムに改宗したい人は自由にそうできるように、イスラム法に則《のっと》り生活したい人は妨害されずにそうできるように、環境を積極的に整えることなのである。

イスラム過激思想の最大の特徴

そしてその積極的な働きかけのためには武力をも辞さないという点が、イスラム過激派をほかのムスリムから分ける、思想上の最も大きな特徴である。すなわち、イスラム国家とは名ばかりで、自らもイスラム法に従わず、イスラム法を国家の法ともしないような為政者に対しては、武力革命を起こしてもよいとするのである。

そのような見解を最初に示したのは、中世イスラムの思想家、イブン・タイミーヤ（一二六三〜一三二八）である。敵がイスラムに改宗している場合、その敵と戦うことはイスラム法に照らして合法かどうかについて、次の質問が、タタールに攻め入られるダマスカスの住民からタイミーヤに寄せられた。

かの六九九（西暦一二九九）年に侵攻してきたタタール（モンゴル人）は、周知のようにムスリムたちを殺し、その子弟を捕虜にし、居合わせたムスリムに略奪をはたらき、ムスリムたちを卑しめ、モスクを冒瀆《ぼうとく》し、特にエルサレムにおいて、狼藉《ろうぜき》をはたらくなどして、イスラームの尊厳を冒し、ムスリムたちの財産や公共の財庫から大金を奪い、ムスリムの男たちを大量に捕虜にし祖国から連れ出した。それにもかかわらず、彼らは信仰告白を固守していると主張し、彼らの言うところではイスラームの根本（だけ）は守っており、また彼らはムスリムたちのジェノサイドのお目こぼしの生き残りであることから、彼ら（タタール）の軍と戦うことは（シャリーアでは）禁じられていると主張している。

彼らタタールについて、法学者や宗教（イスラーム）の学匠たちの言うところは何か。また、彼らタタールと戦うことは合法なのか、あるいは、むしろ、義務であるのか。（タイミーヤ 二〇一七、二〇五）

これに対するタイミーヤの回答（ファトゥア）は

彼ら（タタール）であれ、誰であれ、イスラームのシャリーアのうちで、不特定多数が伝える周知の明白な規定の遵守から離れる集団に対してはすべて、……たとえ彼らが信仰告白を行いそのシャリーアの一部を実践していようとも、そのシャリーアの総体を遵守するようになるまで戦わねばならない。この点に関しては……教友以降の法学者たちも意見が一致しているのである。（タイミーヤ 二〇一七、二〇六）

というものである。このテキスト部分のみだと、単に「名ばかりのムスリム」とは戦ってよいといっているだけで、イスラム法を施行しない為政者を倒せといってはいない。だが、この集団がイスラム法を遵守していないというのは、単にタタール人一人ひとりの問題ではなく、そのリーダーがイスラム法によって統治していないからそうなるのである。このままダマスカスが支配されれば、単に住民の身に危険が及ぶだけでなく、それまでイスラム法に従って正しく生きていた住民もそのような生活を送ることが困難になる。それは許されない、というのである。よって、タイミーヤはこの回答を次の言葉で結んでいる。

これこそ、このウンマ〔イスラム共同体〕の古今の選ばれた者たちの道であり、すべての責任能力者の義務である。またこれこそ、知識の欠乏に由来する贋《にせ》の敬虔な生き方を選ぶハルーリー派（ハワーリジュ派）などの道と、支配者たちが敬虔でなくとも絶対的に服従する生き方を選ぶムルジア派の道との中間の道なのである。……（タイミーヤ二〇一七、二二二。〔 〕は筆者による。（ ）は原文による。）

ハワーリジュ派とは、正統カリフ四代目のアリーを、「間違いを犯したから」（具体的には、敵対するムアーウィヤと和議を結んだ、つまり軍事的に妥協した）という理由で暗殺した派である。この立場と、為政者がどうあれ絶対的に服従し、力ずくで引きずりおろすことはしないというムルジア派を比べれば、タイミーヤの立場は中道だということだ。

このタイミーヤとクトゥブとの相違点は（ほかにもあるとしても、本書の現代の過激思想を知るという目的に照らせば）、クトゥブの方は、先に引用したように、人類全体が危機に瀕しているという世界・時代認識を強く持っていたというところである。これまで支持されてきた、西洋近代の理念やシステムは行き詰まってしまった、だから根本的な社会変革が必要だ、そのためには武力も辞さない——。

クトゥブの思想をこのように一般化してみれば、共産主義系の武力革命思想との区別が難しくなる。依拠する思想が、マルクス主義なのか、イスラムなのかという違いはあるにせよ、二〇世紀に日本を含む各国で一定の支持を集めた革命思想と比べて、少なくともそれ以上に過激であるとか、クレイジーであるというわけではない。共産主義もイスラム主義も、一国内の革命運動としても、インターナショナル・グローバルな運動としても展開した。もちろん、クトゥブ本人は、二つの間には大きな違いがある、人が考案したシステムか、神が作ったシステムかでは雲泥の差だと主張している。それは、信じる人にしか通用しない論理である。しかしイデオロギーとしてのマルクス主義は同様に、信じる人にしか通用しない。二〇世紀の学生運動に共感し、革命もアリかなと一度でも思った人たちが、イスラム過激派は異常だとしか思えないとしたら、それは宗教とは本質的にわけがわからず危険なものだという、宗教に対する先入観によるのではないだろうか。クトゥブは『道標』では取り繕っているが、裏ではもっと暴言を吐いていたのではないか、と想像する人もいるだろう。だが、それはどの思想家に関してもいえることかもしれない。

いや、イスラム過激派の残虐性は特に常軌を逸しているという人もいるかもしれない。特にＩＳの戦闘員たちは殺戮という行為に嗜虐《しぎゃく》的な喜びさえ感じているようだし、それを映像化して世界に流すのは醜悪だと。それについては、彼らが「不良」と世間から指さされるような者たちだから、特にアルカイダの第二世代以降、イスラム過激派は「ゴロツキ」集団という下層の社会層を掬《すく》い取っていったからだという説がある（保坂　二〇一七）。そのような過剰な暴力志向は、クトゥブの思想からは導けず、よって社会的原因説明が必要になるのは理解できる。だが、この説については、それはそれでアウトロー集団は野蛮、自分たちは教養がある文明人、といっているようで今一つ釈然としない。イスラムに対する偏見を防ごうとして別の偏見を生み出しているように感じてしまう。

またこの説は、ＩＳの約半世紀前、アメリカ合衆国内で同じような名称のイスラム過激派が武力革命を訴え、主流社会から「不良」「ゴロツキ」視される貧困層に広がったが、しかし結局実行に移すことなく今日に至っているという例があることを思い出させる。それが次に取り上げる、ネイション・オブ・イスラムである。当局からマークされたこの教団が実力行使に至らなかったのはなぜだろうか。

2　マルコムXのNOI――ISの前にあった〝イスラム国〟

非暴力主義のマーティン・ルーサー・キング牧師に対して、暴力を肯定した活動家として知られるのがマルコムX（一九二五〜六五）、ネイション・オブ・イスラム（Nation of Islam, NOI 正確な訳はイスラムの「国」というよりも「民」）というアフリカ系アメリカ人（アメリカ黒人）の教団のスポークスマンである。在世中もその過激な発言からメディアの寵児となったが、その後、ヒップホップ文化の興隆とともに人気が新たに上昇した。伝記映画『マルコムX』（スパイク・リー監督、一九九二年公開）は日本でもヒットした。このため、同じ〈過激＋イスラム〉の組み合わせでも、クトゥブに比べればなじみがある人が多いだろう。しかし、彼ら二人の没年はほんの一年違いである。つまり、活動していた時期は重なっている。マルコムXはアメリカの公民権運動の文脈で語られることが多いが、アメリカの外側にはクトゥブらのイスラム運動が広がっていたので

マルコムX　Newscom/アフロ

ある。彼がメッカに巡礼した年は、クトゥブの『道標』が出版された年でもあった。

マルコムXは過激派から穏健派に回心したのか

一般に知られるマルコムX像は、おそらく人種差別により不遇な青少年時代を送り、ニューヨークのハーレムでの荒れた生活の果て、刑務所入りになるが、そこでイスラムという宗教を知り、回心する。しかし彼を導いたのは狂信的な新興宗教ネイション・オブ・イスラムであり、彼も「白人は悪魔」と公言し、白人に力で対抗しようとした。だがその後、教団に疑問を抱くようになり、メッカに巡礼し世界から訪れたムスリムと交流した結果、真のムスリムは人種差別をしないことを知り、普通のイスラムのスンナ派に改宗した。だが、まともな社会運動家になったのもつかの間、暗殺という悲劇的な最期を迎えた。

といったところではないかと思う。ネイション・オブ・イスラム時代は、白人への憎しみを煽る過激な黒人優越主義者だったが、晩年はイスラム本来の普遍的な同胞愛に目覚め、白人を打ち負かすようなことは考えなくなったのだと。

実際、ネイション・オブ・イスラムの信者だった時には、マルコムXも「白人は悪魔」説を頭から信じているようだった。一九五九年のTV番組、「憎悪が生み出した憎悪」でも

リポーター　（イライジャ・ムハマドの教えに関して）イライジャ・ムハマド氏は黒人は善である、と言っていますね。彼はまた、旧約聖書のエデンの園の蛇の例を出し、「これは善と悪の大きな戦いだ」と言い、「悪魔」という言葉を使っていますね。……これはどういう意味ですか？

マルコムX　第一に、それはリアルな蛇ではないのです。……聖書は象徴を使いますから。この蛇は、……白人を表しているのです。……ムハマド師は、黒人は生まれながらにして神聖であり（divine 神の側におり）、……白人は生まれながらに邪悪です。

リポーター　白人には良いことはできないのですか？

マルコムX　歴史は、白人は民族としては（白人全体としては）良いことを行ったためしがないということを示しています。

……

リポーター　あなたは子どもたちにも、白人は悪の象徴だと教えているのですか？

マルコムX　誰でもいいですから、ムスリムの子どもに聞いてごらんなさい。地獄はどこに

あり、悪魔はどこにいるのかと。彼は、……地獄はまさにここにあり、自分がその地獄にいるのは、ある者のせいだ、そのある者こそが悪魔だと言うでしょう。
リポーター　その子どもは、その悪魔こそが白人だと言うのですね？
マルコムX　そうです。

というやりとりをしている（引用にあたり細部を省略した）。リポーターが「白人は悪魔だ」と言わせようとしつこく誘導するのに対して、やや婉曲《えんきょく》な受け答えだが、奴隷制にせよ植民地支配にせよ大規模な戦争にせよ、始めたのは白人だ、そんなひどいことができるのは彼らが悪魔だからだ、という世界観があることは確認できる。

この時期に教団のトップ、イライジャ・ムハマド（一八九七〜一九七五）が書いた布教用パンフレットにも「白人種は悪魔の人種である」「率直に言って悪魔以外の何ものでもない」(Muhammad 1957, 23) とある。そして「白人が作った世界、つまり現在の世界は悪と流血に満ちている。そこには黒人が平和に暮らせる場所はない」(23) と言い切っている。

ところが、である。イライジャ・ムハマドは、だからといって「さあ、黒人よ、武器を持って立ちあがれ。白人を打ち負かし、黒人の国を作れ」などとは全く言っていない。と聞くと、この教団について多少知っている人の方が驚くかもしれない。彼らは終末論を信奉していたはずであり、ということは世界最終戦争（ハルマゲドン）というシナリオ通りに白人＝悪魔の軍隊と黒人たちは戦い、勝利することによって黒人の国を作るつもりではなかったのかと。

確かに、終末が来るとはいっている。教祖ウォレス・ファード（一八七七？〜？ このパンフレット出版の二〇年ほど前に失踪）は黒人を救うためにこの世にやってきたマフディ（イスラムの救世主。終末に現れる。ファードは救世主かつ神とされている）であり、ついに裁きの時（最後の審判）が到来したということになっている。そして「罪深い現在の世界は終焉し」、代わって「義なる新しい世界」(23)が到来する。だが、ポイントは、それをもたらすのはアッラーであり、人間同士の人種間戦争ではないというところだ。パンフレットにはこうある。

アッラーは、（いつか）世界を爆弾、毒ガス、火災によりこの世界を破壊しつくすと我々に警告している。それ（白人の支配する現在の世界）は跡形もなく消え去る。(30)

そしてその後に、黒人が新しい世界、真実・自由・正義・平等からなる世界を建設するとされている。この新世界では宗教はイスラムだけになるが、それも「アッラーがイスラム以外の宗教を拒否する」(32)ためにそうなるのであり、ムスリムが異教徒を滅ぼすからとは書かれていない。「アッラーは、(邪悪な不信仰者からなる)この世界の終わりの時に、イスラムという正しい宗教によって他の偽りの宗教を破壊する、と仰っている」(51)。

では、この教団の目的は何か。アフリカ系アメリカ人に何をさせようとしていたのか。それは白人に対する武力革命を組織することではなかった。まず、黒人に真実、すなわち自分たちは白人という悪魔に騙《だま》され、劣等民族だと信じ込まされ、虐げられてきたのだということを知らせ、自尊心を持たせる。そして、底辺の生活から抜け出せるよう、悪い習慣を改めさせ、団結させ、来るべき新しい世界に入る準備をさせることなのである。アッラーはそのような黒人たちを、優秀で美しい民族に変え、新しい世界に住まわせてくれるのである。

このパンフレットは門外不出の文書ではなく、誰の目にも入りうるものだったから過激なことを書かなかっただけというわけではない。実際にもこの教団は、活動としては戦闘的ではなかった。「イスラムの果実」という名称の護衛団は設けられていたが、目指していたのは黒人の経済的独立だった。白人が経営する工場で働き、白人の店で買い物をする限り、黒人が白人によって搾取される状態は変わらない。その状態を打開するためには、黒人が経営し、黒人を雇用し、黒人を顧客にする、つまり黒人コミュニティの中で完結するビジネスのサイクルを教団のテコ入れで作りだせばよいという考え方なのである。そのような黒人コミュニティ内での自給自足が成功すれば、次は北米大陸の一部に黒人のみの分離国家を建設し、白人のアメリカから完全に独立するというのがこの教団にとっての現実的な目標だった。

なぜ「分離」しなくてはいけないのかについて、マルコムXは前述のインタヴューで、「蛇（白人）と一緒にいては咬《か》まれてしまうから」という比喩《ひゆ》で説明している。根っから邪悪な人たちは危険すぎるので同じ社会で一緒に暮らすことはできないというのである。だが、分離国家は蛇を黒人が退治することで生まれるのではなく、連邦政府が黒人に土地を譲ることで生まれるとされていた。これは、革命というよりも、過去の奴隷制に対する政府による「補償」を要求するという発想に近い。教団の教義では、もともと地球に住んでいた原人類（original people）は黒人だった。よって全ての土地は黒人のものだった。白人はその後マッド・サイエンティストが人工的に創り出した変異種にすぎず、世界を支配する権限など本来持たないはずなのだ。だから土地を返還させようというのが教団の理屈だった。

求めていたものが政治的革命ではないどころか、イライジャ・ムハマドはマルコムたちに公の場で政治的発言をすることも禁じた。マルコムがその禁を破り、ケネディ暗殺について挑発的な発言をしたことは、教団が彼を教団から追い出す一つの理由になったといわれている。その後もこの教団の主流派は、黒人に自尊心を与えるとともに戒律として勤勉と節制を求め、自前の工場や小売店によって雇用を創出し、ドラッグの濫用と貧困から救い出すことを活動の中心としていった。

それに対して、大々的な「黒人革命」を公的に呼びかけたのは、ネイション・オブ・イスラムを去り、正統派（スンナ派）のイスラムに改宗したマルコムXの方だった。脱会直前の一九六三年、デトロイトでの演説「草の根の人々へのメッセージ（下層黒人大衆へのメッセージ）」で初めてマルコムは武力革命の必要性を大々的に説いた。


そもそも革命とはなんであるのか。私はわが黒人大衆の多くが、この「レボリューション」という言葉を、実際の意味、歴史的な性格を深く考察せずに、あいまいに使っているように思う。……

一七七六年のアメリカ革命をふり返ってみよう。あの革命の目的は何であったろう。土地（領土）が目的だった。なぜ土地を求めたのか。独立のためだ。独立はいかにしてもたらされたか。流血によってだ。ここからいえることは、第一に革命は独立の基盤である土地に根拠をもつこと。そしてそれを達成しうる唯一の方法は流血であることだ。……

……流血を伴わない革命など、あったためしはない。それなのに人々は流血を恐れる。あなた方は血を流すのが恐いのだ。

白人があなた方を朝鮮に送り込んだとき、あなた方は血を流した。ドイツにも行かされ血を流した。日本人と戦うために南太平洋にやられ、そこでも血にまみれた。あなた方は白人のためには、流血をいとわなかったのだ。そのくせ、自分達の教会に爆弾が投げ込まれ、黒人の少女が殺されたとき、あなた方は血を流そうとはしなかった。(マルコムX 一九六八、一三)

そしてマルコムはキングの非暴力主義を批判する。「左の頬《ほお》を向けよ」「汝《なんじ》の敵を愛せ」と謳《うた》い、「差別のない食堂、差別のない劇場、差別のない公園、差別のない公衆便所などを目標とする」運動は革命とはいえない。白人にこびへつらうアンクル・トムに留まるにすぎない。真の革命は

土地に基礎づけられる。土地こそが、あらゆる独立の、自由と正義と平等の基礎である。白人は革命の何たるかを知っている。ブラック・レボリューションが、その規模においても、性格においても、世界的な拡がりをもっていることを知っている。ブラック・レボリューションの嵐は、アジアをアフリカを吹きまくり、ラテン・アメリカでもかま首をもたげている。キューバ革命——あれこそ革命だ。彼らは体制をくつがえした。革命

はアジアにあり、アフリカに存在する〔。〕白人どももいまや恐怖の叫びをあげている。それがラテン・アメリカにまでおよんできたからである。……

革命は血なまぐさいもの、敵意に充ちたものだ。革命は妥協を知らず、途上のすべてをくつがえし、破壊する。（一五―一六）

この演説の聴衆は黒人だったが、ほとんどがムスリムではなくクリスチャンだったという。その聴衆に対して、キリスト教は白人にとって都合がよいだけであり、黒人を解放するのはイスラムだ、というのもイスラムはそのような偽善性がない、戦う宗教だからだとマルコムは説き続けた。

われわれの聖書コーランには、おとなしく辛抱しろなどとは書いてない。われわれの宗教は、賢明であれ、と説いている。おとなしく、礼儀正しく、法を守り、誰をも尊敬せよ、だがだれか手出しをする奴がいたらば、そいつを墓場に送り込んでやれ、といっているのだ。なんと正しい宗教ではないか。（一九）

これは、イスラモフォビアを心配し、「イスラムは平和な宗教だ」と説いて回る現在のイスラム擁護派の人たちからしたら、とんでもない発言だろう。当時も、アメリカの黒人を団結させるには、人数を考えるならキリスト教徒を動員する方が早かった。だが、「敵をも愛せ」の宗教では白人によるマインドコントロールは解けない、いや、キリスト教こそが白人による黒人支配を正当化するイデオロギーにすぎない以上、「愛の宗教」をひっくり返すしか道はない、というのはマルコムにとっては自明の理だった。

武力革命路線は最期まで揺るがず

この演説の後、マルコムはメッカに巡礼し、スンナ派イスラムに改宗する。しかしそれで武力革命の思想を取り下げたわけではなかった。メッカで白人ムスリムとも同胞愛を共有することができると経験した彼は、白人を一律に敵だ、有罪だと決めつけることはできないと知る。だが、だからといって戦う態度を軟化させたわけではなかった。メッカでの経験について質問された彼はこう述べている。

旅行というものは視野を広げるものだ。旅行すれば必ず視野が広がる。それは変わったということじゃなくて広がったのだ。いかなる宗教を信じようと、この国の黒人大衆にけしかけられる犬どもと闘い続けている事実を忘れるようなことはない。いかなる宗教といえども、われわれの頭におそいかかってくる警官のこん棒を忘れさせはしない。……

この国の黒人大衆を苦しめている不正を終わらせるために必要な手段を講じ、またこのことに真の関心を抱いているかぎり、われわれはだれとでも、どのグループとでも、皮膚の色の如何をとわず行動を共にしよう。皮膚の色がどうであれ、この黒人の生き血を吸ってきたハゲタカのような体制の破壊を目標とするかぎり、その人は完全にわれわれの仲間なのだ。（八二）

つまり体制派の白人を倒すための革命運動の同志は何人であってもかまわないということだ。これは特定の人種に対する偏見としての人種主義（人種差別・レイシズム）とは違うものだ、と彼は述べる。

私は人種差別主義者ではない。私は人種主義者だったこともない。私はわれわれのおかれている状況に責任のある体制や人間どもを告発すべきだと信じている。われわれを搾取する権力機構や体制を牛耳っている連中にできる唯一の防衛策は、非妥協的なこの告発〔すなわちマルコム〕に人種主義者、過激主義者のレッテルをはることだ。（八三）

しかしその一方で、自分の運動を、ブラック・ナショナリズムに基づく黒人革命として規定する考え方も最晩年まで変わらなかった。メッカ巡礼を含む海外での経験は、連帯をアメリカ国内だけでなく世界の黒人に広げることを現実的なものにする方向に作用した。暗殺される二週間前の国際電話によるインタヴューから引用しよう。講演のためにパリに向かおうとしたところ、フランス政府から入国を拒否されたときのものである。

一九六五年は、黒人革命が開始されて以来、合衆国でかつて見たこともないような長くて暑い血ぬられた夏になるだろう。それは主として一九六四年の冬に存在したのと全く同一の要因が、いまもなお、六五年二月現在、存在しているからである。これらの要因というのは、劣悪な住宅事情であり、最悪の雇用条件であり、最低の教育であり、破綻した社会のあらゆる悪条件がアメリカ黒人の上にふりかかっている。そして黒人社会の憤懣はますますふくれあがっている。そしてアフリカの諸国がアメリカにおける黒人の闘争、および人間の権利を確立しようとするわれわれの努力に対して公然と支持を表明した。これはわれわれの闘争を発展させるのになお一層の刺激となるだろう。そして前述したとおり一九六五年は、黒人革命の中でもっとも長い、もっとも暑い、血ぬられた夏を迎えることになるだろう。

……西半球における黒人社会、特に合衆国およびカリブ海地域の黒人社会が次のことを自覚する必要性に迫まられているということである。つまり、自らの文化的基盤を回復し、アフリカの兄弟と連帯し、一致団結して前進すべきこと。

……（最後にインタヴュアーから「ほかに何か言うべきことはないか」と訊《き》かれたのに対して）連帯の重要性。この一語につきる……（マルコムX　一九九三、二一八―二一九）

暗殺されたため自らは実力行使に至らなかったが、マルコムは世界規模の黒人による武力革命を肯定・待望していたのである。このインタヴューと暗殺の後、アメリカでは実際に、ワッツ暴動などの黒人による蜂起が相次いだ。

しかしワッツ暴動とそれに次ぐアフリカ系アメリカ人の武力的反逆は、警察だけでなく州兵まで動員できる政府側の圧倒的な力により抑えられていった。そしてその後、ヒップホップ文化が台頭する一九八〇年代からは、黒人貧困層の暴力は白人や体制に対してではなく、自分たちのコミュニティであるゲットー（スラム街）の内側に向かっていく。六〇年代の運動をもってしても自分たちの境遇は変わらなかったという閉塞感の中で、黒人ギャング間の抗争が激化した。前述のマルコムXの伝記映画が公開された頃には、そのようなゲットーの残虐で無意味な暴力の連鎖を描いた映画が何本も作られ、問題を告発すると同時に消費もされていった。

他方、ネイション・オブ・イスラムはどうなったかといえば、マルコムXに代わりリーダーとなったルイス・ファラカーン（一九三三〜　）は、過激といえば過激だが、反白人ではなく反ユダヤ人発言（反セム主義）によって知られるようになる。自分たちの祖先を捕まえ売り飛ばした奴隷商人はユダヤ人だったと言い出したのである。最近では、オバマ大統領を初めは支持していたが、途中からイスラエル派だと批判。しかし続くトランプ大統領に対しては敵の敵は味方という理屈で支持を表明した。さらに、改めて分離国家を建設すると宣言したところ、現在の（白人中心の）過激派オルタナ右翼（alt-right）から共感され――というのも反移民・反多文化主義である彼らも人種・民族ごとに分かれて暮らすことには大賛成だからだ――、話題になった。というように、時局によって方針をころころと変えながらも現在までこの教団はテロ活動の類いは行ったことがない。

クトゥブと比べると

ここでマルコムXとクトゥブの思想を比較してみよう。二人とも革命の時代の申し子だった。しかし、メディアの影響や予備知識が全くない人には、マルコムの初期の思想の方が危険で許しがたいものに見えるのではないだろうか。ある人々を人種という属性でくくり、生まれながらに異常であるとし、和解の道を最初から拒絶していたからだ。表現方法が本なのか演説やインタヴューなのかの違いはあるが、マルコムの方が憎悪をむき出しにしていた。

それでは後期のマルコムと比べてはどうか。大きな違いはイスラムという宗教の位置づけである。二人ともスンナ派だが、マルコムにとってはイスラムの前にブラック・ナショナリズムという民族主義があり、クトゥブはイスラム運動によってアラブ・ナショナリズムという民族主義を超えようとした。この違いは何を意味するのか。マルコムも真摯《しんし》な信者だったが、イスラムは「白人の宗教」であるキリスト教に対抗するためのカードとして何よりも意味を持っていた。このため、シャリーア（イスラム法）に基づく社会を築こうという、クトゥブにとっては最も重要な主張がマルコムには見られない。それは言い換えれば、革命が成功した後、どのような社会を築くのかという政治・政策的ヴィジョンが、マルコムにおいては明確ではなかった。おそらく、当時のアメリカ社会から、白人による差別・抑圧を取り除いた状態が来るべき社会としてイメージされていたのだろう。

このため、マルコムが、白人が支配するアメリカを批判するときの根拠は、アメリカが神の目から見て正しい社会ではない、ということではなかった。そういった考え方が全くないというわけではないが、批判の根拠としたのは、白人が黒人の「人権を侵害している」という問題だった。すなわちイスラム固有の何かではなく、世俗的な民主主義の価値に訴えたのである。しかも国連に対して。

だから我々が次に行うべきは、公民権闘争全体を国連に持ち込み、アメリカが、一九六四年の現在に至るまで、二二〇〇万人のアフリカ系アメリカ人の人権を侵し続けているという点で有罪であること、しかもそれなのに自由な世界のリーダーとして自己アピールをしているというその厚顔無恥さを世界に知らしめることだ。(Malcolm X 1964)

クトゥブの方はこの種の運動を既に見限っていた。人間が考える思想はどれも人が人を支配する構造を乗り越えられないとして。その代わりに、シャリーアというオルタナティヴな社会的ルールを携えて、グローバルな、すなわちネイション＝国家も民族も超えた革命を起こそうとした。これがＩＳの建設に至る、カリフ制再興思想である。

3　カリフ制再興思想の過激さ

カリフ制というと、こう思う人たちがいるかもしれない。それは簡単にいえば、かつてのウマイヤ朝やアッバース朝のような巨大なイスラム帝国を作るということか？　とするならば、それを二一世紀に目ざす思想というのは、時代錯誤ではあっても「過激」というのとは違うのではないか。少数で先鋭的なシーア派の方が「過激」なのではないかと。

カリフ制そのもの、すなわち世界のムスリムの共同体＝ウンマが、一人のカリフという指導者を擁立すべきだという考えは、現在も生きているし、理論的にはむしろ王道とされている。現代イスラム世界における公式イスラムを代表するとされる『イスラム法学百科事典』には

イマーム（カリフ）位の締結の義務、そしてウンマ（ムスリム共同体）が、自分たちの間にアッラーの諸法規を施行し、アッラーの使徒がもたらしたシャリーアの諸法規に基づいて自分たちを治める正義のイマームに従う義務があることで、ウンマのイジュマーゥ（コンセンサス）が成立している。（中田　二〇一五、九〇）

というように、カリフを立て、彼に従うことはムスリムたちの義務であると堂々と謳われている。

ところが、実際にカリフを立てようとすると、中東を中心とするイスラム諸国の支配者た

ちが潰しにかかる。というのも、カリフによって自分たちの既得権益を奪われるからである（として、カリフ制支持者たちは批判している）。オスマン朝カリフ制消滅後、中東は西欧列強による植民地支配を経て、いくつもの領域国民国家に分断された。それぞれの国家は独裁者や王家に支配され、イスラムを国教としつつも、シャリーアにより統治が行われるのではなく、（シャリーアを西洋的市民法に入れ替えた場合はもちろんのこと、形の上ではシャリーアを残した場合も）、人間が人間を隷属させるという状態が続いた。カリフ制が正論だからといって、そのような支配者たちが権力と利権を手放すわけがない。逆に、カリフ制再興思想を封じ込めてきたのである。

もちろん、その状態でも、一九八〇年代以降、イスラム復興運動は盛り上がっていった。だがカリフ制抜きのイスラム主義は、領域国家の支配者たちに絡めとられやすい。マルコムXはまさにその一例だった可能性がある。というのも、メッカに巡礼したマルコムはサウジ王室から歓待を受け、感激するのだが、それには裏があった。エジプトとの勢力争いの一環として、サウジ王室はアメリカの黒人を傘下に入れるべく、その統率者として期待できるマルコムに接近したのだという指摘がある（大類 二〇〇六、一七一―一七四）。つまり、マルコムは、キング牧師のことを、黒人を手なずけたいアメリカの白人に利用されていると批判したが、そのマルコム自身も国際的な文脈では同じような批判を浴びる可能性があったのである。

ということは、現代においてカリフ制再興思想は、欧米・非イスラム圏から危険視される以前に、イスラム内部の権力側から目の敵にされるために相当に過激なのである。その正当性を現在大っぴらに唱えているのは、日本では（むしろイスラム圏ではそうしにくいということもあろう）イスラム法学者の中田考《なかたこう》である。中田によれば、ＩＳは、確かにカリフを擁立し、イラクとシリアの間の国境＝領域国民国家の枠を崩した。だが、イスラムとは関係ないシリア・イラクのバアス党の行政手法を、あまり考えずに踏襲してしまったため、全体主義警察国家になり、それはいくら戦時体制だからといってもカリフ制の理想からはほど遠かったとしている。

カリフ制再興とはイスラム帝国主義ではないのか

しかしカリフ制の理想が実現したとして、それが新手の帝国主義にならないという保証はあるのか。Ｑ＆Ａ形式でこの思想の輪郭をもう少し明確にしてみよう。

第一に、カリフ制は領域国家とは異なるとされているが、しかしイスラム帝国のようなものは単に国家が拡大しただけであり、両者は根本的には変わらないのではないか。これについては、中田はカリフ制は真の法治国家になるため、現行のイスラム諸国、たとえばサウジがほかの国家を呑み込み拡大する、あるいはほかのイスラム国家と連合体を作るのとは異なるのだという。というのも、現在はイスラム圏の国々も、人が支配する国民国家体制を当たり前のものとして受け入れているからである。

今日の世界は全て西欧の文化植民地であり、思考様式の西欧化は意識に上らないまでに血肉化しており、それはムスリム世界も例外ではない。特に政治思想の領域ではそうであり、ギリシャの政治思想とキリスト教が結びついた「人の支配」、そのメタモルフォーゼであり近代西欧資本主義と結びついて世界を覆い尽した「法人」制度、その究極形態である領域国民国家システムは、多くのムスリムにとって当然の前提とされており、カリフ制さえその色眼鏡を通して理解されることで認識に歪みが生じている。(中田二〇一五、二〇五—二〇六)

表面的にはイスラム国家であっても、人が支配する限り、一部の特権階級がほかを搾取する構造は変わらない。それを乗り越える唯一の選択肢がカリフ制なのだという。

イスラームの使命〔であるところの〕、カリフ制の任務とは、イスラーム法の施行されるイスラーム的秩序の支配空間ダール・アル＝イスラーム〔"イスラムの家"〕を全世界に広めることである。……このイスラーム法の施行によるイスラーム的秩序とは「法の支配」以外の何物でもなく、さらに「法の支配」とはこのイスラーム的秩序に他ならず、現代の世界において「法の支配」と呼びうるものはこのイスラーム的秩序以外には存在しない……（二一四）

カリフはイスラム法の正しい施行について責任を持つが、カリフ自身が神聖王のような特別な存在というわけではない。

また、カリフ制国家が領域国家とは異なるというのは、イスラムのモスクとキリスト教の教会や仏教の檀那寺《だんなでら》との違いに似ている。キリスト教の教会には一般にメンバーシップがあり、信者を囲い込む。仏教の檀家《だんか》制度も同様である。それに対してムスリムは特定のモスクに所属するのではなく、どのモスクで礼拝してもよい。国境が取り払われた状態というのは、国民のあり方が教会型からモスク型に変わった状態とするとイメージしやすいかもしれない。

第二に、先の引用にも「全世界に広める」とあるが、カリフ制はムスリムの間には平等をもたらすとしても、結局、世界制覇、異教徒支配をねらっているのだろうか。これについては、イスラムの目的が神から見て秩序ある社会を築くことにあるならば、世界がシャリーアによって統治されない限り、ムスリムの使命は貫徹されないことになる。しかしその場合も、カリフ制国家内の異教徒も改宗を強制されることはないので、イスラムは多元主義的だ、この点において真のカリフ制国家はISとは異なると中田はいう。

カリフ制は、イスラーム公共法に基づき全住民に治安を保障し、ムスリム以外には宗教を基礎とした各共同体に、狭義の宗教的儀式だけではなく家族法及び服装規定等を含む宗教領域における自治をゆだねるがゆえに、多元主義的である。

またこの多元主義的カリフ政権は反全体主義である。カリフ政権はイスラームに立脚するが、全ての住民にイスラームのイデオロギーを強制するわけではない。非ムスリムは、イスラームにいかなる内面的コミットメントも求められることはなく、ただイスラームの公共法を外面的に遵守すればそれで足りる。（二一〇）

義務教育の名のもとに、全児童を学校に拘束し特定のイデオロギーで洗脳して国民に作りあげる、世俗的民主主義国家の方がよほど全体主義だと中田はいう。

そしてまた、イスラムを「全世界に広める」といっても、かつてのイスラム帝国のように武力征服によってそれがなされることは、現代においては軍事力の規模の変化のためにありえないと中田は述べている。

但し、現代のような非人道的な大量破壊兵器が使用される戦争は、女性や子供のような非戦闘員の殺害を禁ずるイスラームの戦争倫理に悖《もと》るため、カリフ政権は公宣のための戦争を仕掛けることはない。カリフ政権と外部世界との関係は、休戦協定による「平和」が基調となり、休戦協定の下に、どちらの体制がより優れた体制であるかを、どちらがより多くの移民を引きつけるか、によって競い合うことになるであろう。(二一二―二一三)

第三に、しかしジェンダー平等という点ではイスラムはどうなのか。女性の人権を軽んじるようなことがあるならば、カリフ制は多元主義的だといえるのだろうか。これについては、中田は、人権とは西洋のローカルな概念にすぎない、と人権思想の普遍性を真っ向から否定する。

西洋はイスラームの「人権」侵害について喧しく騒ぎ立てる。しかし「人権」とは、人権と称し、普遍性を偽装しているが、「自然人」を超えて無限の権力を手にした「法人」主権国家の出現により、「人の支配」の弊害が目に余るようになったために、それを緩和し欠陥を補うために生まれた、近代西洋ローカルの思想に過ぎない。

本来「法の支配」を実現し、人間の権利を保護しているイスラームには、名称こそ「人権」であっても法的安定性のない西洋近代のローカルな慣習に過ぎない「人権」のような概念を必要としないのである。（二一九）

以上のように思いきりのよい論調なだけに、聞く側には、果たしてそう言い切れるのかという思いが残るのではないか。たとえば、武力征服をしない理由が、女性・子どもを殺害しないためというのであれば、これからは戦争もハイテク化・サイバー化することは間違いないため、その制限は容易に外れるのではないかと疑う人はいるだろう。また多元主義といっても、異教徒は二級市民扱いになるようだし、多神教徒・無神論者（というくくり方が既に一神教目線なのだが）はやはり許容されえないのではないか。そして何よりも、これはイスラム法が瑕疵《かし》のない最高の法であることが前提となって初めて成り立つ論理ではないか。それは信じない者にとっては論点先取である。人間がより良い法を考え、それを絶えず改善し、その支配者による恣意的な適用を許さない、真の法治国家を目ざす可能性を最初から排除する理由が見当たらない。カリフ制にしても理想の実現が難しいことは歴史の示すところである。

　というように、誰もが一人残らず納得するということはないだろうが、このカリフ制再興思想には、イスラムの王道だ（少なくともその一つだ）といえる強さがある。それなのに実行に移すムスリムは少数であるという落差が過激な印象を与える一因である。また、国民国家にせよ民主主義にせよ人権にせよ、国際社会の常識であり共通価値にもなっているシステムや思想に対して「否、それは普遍的ではない」と突きつける強さがある。だがそれゆえに、武力行使に短絡させる者がいればそれは即、テロリズムと非難されることにもなる。

　しかしこの「テロリスト」という言葉と宗教の結合は、イスラムが最初ではなかった。アメリカでは、「テロリスト」はマルコムXが唯一の見上げた白人だと評価するクリスチャンに付けられた呼称だった。ここでキリスト教の過激思想に話を移そう。

第2章 「弱き者のため」のエネルギーはどこから
――キリスト教系過激思想

第1章で取り上げた過激思想は、クトゥブにせよマルコムにせよ、抑圧される者による反体制運動であり、政治的には一般に左派（革新的）であると位置づけられる。クトゥブを含むイスラム原理主義・復興運動は、宗教的には保守回帰であり、左右でいえば右なのだが、政治的には左ということだ。それに対して、最近のキリスト教系過激思想としてよく名指される、キリスト教原理主義（「キリスト教右派」「プロテスタント保守派」なども。学術論文では自称の「福音派」が用いられることが多い）は、宗教的にも政治的にも保守、右派であることを特徴とする。典型例としてはアメリカでジョージ・ブッシュ（子）大統領の支持基盤となったクリスチャンがよく挙げられる。アメリカの保守的クリスチャンが政治化したのは一九八〇年代からであり、武力行使例としては人工妊娠中絶を行うクリニックに対する襲撃が知られる。二一世紀に入ってからはモスク襲撃もあり、アメリカ以外にも広がり、最近の例では二〇一九年のニュージーランド・クライストチャーチのモスクでの銃乱射事件がある。容疑者は、ムスリム移民の増加に伴いヨーロッパ系白人のクリスチャンが追い出されていくとする陰謀論「グレート・リプレイスメント」に影響されていたという。

しかし、キリスト教系過激思想には右派だけでなく左派も存在する。一九五〇～六〇年代に盛り上がり現在も続く、ラテン・アメリカのカトリックの「解放の神学」（抑圧される民衆の解放をキリスト教の福音の本質とする革新思想）はその一つである。これも体制派から見ればテロリストの思想であり、バチカンからは長らく異端扱いされてきた。この章は、そのような左派系のキリスト教系過激派の草分けとされるジョン・ブラウンから始め、彼とキリスト教の教派としては近いが政治的には右派と位置づけられる、一世紀後の過激思想を比較していく。

1 「テロリストの父」といわれるジョン・ブラウン
――手段を選ばなかった奴隷制廃止運動家

ジョン・ブラウン（一八〇〇～五九）は、アメリカ史上初めて反逆罪により有罪となった運動家である。運動の目的は奴隷制の廃止だった。アメリカでは一八三〇年代から奴隷制廃止運動が興隆していたが、ブラウンは、ただ廃止を呼びかけるだけでは生ぬるいとし、力ずくで奴隷制を終わらせようとしたのである。そのためにはまず奴隷たちに武装をさせようと考え、一八五九年、二〇名ほどの同志とともにバージニア州ハーパーズ・フェリーにある連邦政府の武器庫を襲撃し、七名を殺害した。間もなくブラウンは連邦軍により捕縛され、絞首刑になる。彼の作戦は失敗したわけだが、この事件は南北戦争につながるような歴史的意義があると評価されてきた。

武器庫襲撃の前にもブラウンは奴隷制擁護派を殺害しており（「ポタワトミーの虐殺」）、彼に対する後世の評価は分かれ、狂人とも英雄ともいわれてきた。マルコムXはブラウンを

ジョン・ブラウン

「私が本当の意味で白人のリベラルと呼ぶのは、ジョン・ブラウンのような人々のことであり、他の白人連中はどれもこれもうさん臭いといえる」（マルコムX 一九九三、一一〇）として、非常に稀な白人だと称賛している。だが単に白人の中で稀なだけではないだろう。マルコムXもクトゥブも自分の「仲間たち」のために立ち上がったが、ブラウンは自分の

帰属集団とは異なる、むしろそれと対立する集団のために体を張ったのだから。ブラウンを殉教者と呼ぶ人もいるが、宗教的迫害に抗して自分の信仰を守り続けたために命を落としたわけでもないので、一般的な殉教とも異なる。いったい、ブラウンはなぜ自分の命を犠牲にすることも厭《いと》わず、黒人奴隷を力によって救うべきだと思うに至ったのか。

奴隷制反対の思想上の根拠

まずわかっているのは、ブラウンが、人間は人種に関係なく誰でも平等だという強固な信念を持っていたことである。よりどころとしたのは聖書とアメリカの独立宣言だった。「私は黄金律（「人にしてもらいたいと思うことは何でも、あなたがたも人にしなさい」）と独立宣言を信じています。両方は同じことを言っていると思うんです」（Reynolds 2009, 32）とはっきり述べているし、武器庫襲撃事件後には南部の奴隷制擁護派の牧師に牢獄から次のような手紙を送っている。

確かに私は人間が作った法律に反することをしました。しかし、「神に従わないであなたがたに従うことが、神の前に正しいかどうか、考えてください」（と聖書［使徒行伝4:19］にありますね）。キリストは私に「自分も一緒に捕らわれているつもりで、牢に捕らわれている人たちを思いやりなさい」〔ヘブライ人への手紙13:3〕と言い、同じ状況で「人にしてもらいたいと思うことは何でも、あなたがたも人にしなさい」〔マタイによる福音書7:12〕と言いました。私の良心はそのように私に命じたのです。それに従おうとしたのです。失敗してしまいましたが。ですから、その点では私は後悔していません。

(DeCaro 2015, 226)

ブラウンは若いころ牧師職を志したことがあり、眼の病気のために諦めたものの、ほかの牧師と堂々とこのような聖書談義をすることができた。当時の北部の奴隷制廃止論客たちとは異なり、高学歴のエリートではなく、自分の考えをまとめて書物の形で表すことはなかったが、演説や書簡、特に逮捕後の支持者などとの文通や法廷での発言などが残されている。その中で最も有名なものの一つは、有罪判決後に法廷で行われた次の弁明である。奴隷制に反対することの正しさを聖書に訴えながら論じている。

もう一つ異議がある。そのような罰を私が受けなくてはならないというのは不当である。かりにもし私が、私がそうしたと認めている方法で（つまり武力的な襲撃によって）――確かに私がそうした方法をとったということは（この法廷で）証明されたと認めよう――、金持ち、権力者、インテリ、いわゆるお偉いさんたちのために、あるいは彼らの友人たち、ないし父親や母親や兄弟姉妹、妻、子どもなどのために介入し、妨害していたならば、そして私がこの度の襲撃で犠牲にしたものを、そのような人たちのために犠牲にしていたならば、全く問題はなかったのだろう。この法廷の全ての人が、私の行為は罰ではなくむしろ報酬に値すると見なしたことだろう。

この法廷は、神の法の正しさを認めているようだ。聖書、少なくとも新約聖書と思われる本が（宣誓のために）接吻されるのを見た。聖書は、人にしてもらいたいと思うことは何でも、あなたがたも人にしなさいと教えている。さらに、「自分も一緒に捕らわれているつもりで、牢に捕らわれている人たちを思いやりなさい」と教えている。私はその教えにしたがって行動するよう努めたのだ。まあ、私はまだ若すぎて、神が人間を差別するなんてことが理解できないだけかもしれないが〔ここはブラウンの皮肉〕。神の（子どもたちでありながら）差別を受ける貧しい者たちのために、私が行ったように（奴隷制に）介入し妨害することは、誤っておらず、むしろ正しい。だが、もし、正義という目的をさらに推し進めるために、私が自分の命を失うことが、そして自分の血を私の子どもたちの血や、この奴隷制の国の邪悪で残酷で不正な法律によって権利を無視されている何百万人もの人々の血に混ぜることが必要だと見なされるのであれば、私は（判決に）従おう。さあそうしてくれ（死刑にしてくれ）！……

最後の「私の子どもたちの血」という箇所は、ブラウンを援護した息子が二人、襲撃の時に死亡したことを指している。

本書の読者は、キリスト教の教えの中心は隣人愛なのだから、キリスト教に依拠する限りは奴隷制反対の立場をとるのが当たり前だろうと思うかもしれない。しかし、奴隷制擁護論者が奴隷制を正当化するのに用いたのもまた聖書だった。アブラハムのような旧約聖書の偉人たちが奴隷を所有していたこと。ノアが「カナンは呪われよ／奴隷の奴隷となり、兄たちに仕えよ」とハムの息子であるカナンを呪ったこと（ハムはアフリカ人の祖先だと解釈されてきた）。イエスもまた、当時のローマ帝国には奴隷制が存在していたにもかかわらず、それについて一言も言及していないこと。パウロが逃亡奴隷を主人のもとに戻したという記述があること。つまり、奴隷制は容認されていると主張する材料は聖書の中にいくつもあったのだ。

さらに、南部の擁護派は、神秘主義（超絶主義や心霊主義）や無神論が流行する北部に比べ、自分たちはまともなクリスチャンであるという意識を強く持っていた。その上、北部に比べて南部は文明社会であり、奴隷制は文明的な制度だと思っていた。そのような人々は独立宣言の「すべての人間は生まれながらにして平等」という文言ですら、劣等人種はその「人間」の中に含まれない、だから奴隷制は問題ではないと解釈していたのである。

ブラウンの人生経験との関係

ということになると、なぜブラウンが人種を超えた博愛精神を身につけたのかについては、個人的なファクターも考慮する必要がある。まず、彼の父親オーウェン・ブラウンが奴隷制に反対で、人種差別をしてはいけない、黄金律は全ての人種に適用されるべき、と家族に教えたという。オーウェンの職業はなめし革業で、一家は貧しかったが、住んでいたオハイオ州ハドソンは奴隷制廃止運動が盛んな地域であり、ネイティブ・アメリカンとの交流もあった。オーウェンは熱心なクリスチャンだったが、ネイティブ・アメリカンにキリスト教への改宗を迫るのではなく、互酬的な関係を結んだとされている。

そのような環境で育った少年ジョン・ブラウンは、二つのことを悟った（伝記作家はこれを「啓示」と表現しているが、彼はトランス状態になって神のお告げを受けるタイプの宗教家ではなかった）。一つは、「軍隊などには入るものではない」。これは、米英戦争が起こり、ブラウン家も軍隊に家畜を調達する仕事を始めたが、このときブラウンが見た軍人たちがあまりに下品かつ自分勝手にふるまうので、彼らを嫌悪するようになったのだという。もう一つは、奴隷少年には守ってくれる親もいないということ。ブラウンは、調達先の軍人の一人が所有していた同じ年頃の奴隷と友達になるのだが、彼が暖炉用のスコップで叩かれた上に、寒い場所でぼろ布にくるまって寝なくてはいけないのを見て、衝撃を受けた。この事件は、後に奴隷制廃止運動家になる大きなきっかけになったとブラウンは振り返っている。

ブラウンは、本格的な運動を始める前にも、逃亡奴隷を助けるといったことは当然のこととしてやっていたという。教会で後方に座らされている黒人家族と席を交換するなど、他者に共感する力に長けるだけでなく、常に行動によって反人種差別を表明していた。さらに自分の人生をかけて奴隷制と戦うことを決意したのは、一八三七年、奴隷制廃止派の牧師でありジャーナリストであったイライジャ・ラヴジョイ（一八〇二～三七）が、奴隷制擁護派の暴徒によって殺害された事件による。事件に対する抗議集会の場で、ブラウンは、「ここにおいて、神の御前で、証人の皆さんの前で、今から、私は人生を奴隷制の破壊のために捧げる」と誓った。運動開始後は、逃亡奴隷が新たな国を建設することを想定し、その憲法を起草するといったことまで構想を進めたが、そこにはネイティブ・アメリカンの解放も盛り込まれていた。

ブラウンの思想をどう解釈するか

このようなブラウンの思想と行動は、現在では「多文化主義」と評価されている（Reynolds 2009）。だが、現代の多文化主義や宗教的寛容とはやや異なるところもある。というのも彼は、黒人やネイティブ・アメリカンは受け入れることができたが、カトリックには大いに反発していたからである。彼にとってはローマ教皇も奴隷主も人間を縛りつける抑圧者でしかなかった。それどころか、おそらく教皇のことを反キリスト（終末時に現れる悪魔）と見ていたのではないかとさえいわれている（DeCaro 2015, 51）。そのようなカトリック観においては、ブラウンは伝統的なカルヴィニズムの思想を受け継いだ、厳格なピューリタンの末裔《まつえい》だった。

このようなブラウンの生い立ちや思想の記録がかなりの程度正確だとすると、彼は何かしら自身の利害に関わるから奴隷制廃止運動に邁進《まいしん》したわけではなさそうだ。マルコムXのように、黒人が仲間の解放のために運動するならば、その運動の本質は民族ナショナリズムであり、宗教はその正当化のために使われているという解釈も可能である。しかしブラウンは利害抜きで活動したため、より純粋に宗教的動機から動いているように見える。聖書が黄金律を説いているのだから、奴隷たちを助けるのは当然だ、というロジックが前面に出ている。ブラウン本人も、武器庫襲撃事件に関する公判の際、「これ（武器庫襲撃）は宗教運動だと思うか?」という質問を受けて「そう思う。人間が神に対して捧げうる最大の奉仕である」と答えている(DeCaro 2015, 60)。裁判に集まった人たちは、ブラウンに何かしら下心なり個人的復讐心《ふくしゅうしん》なりがあるに違いない、そうでなかったらこんな思い切ったことはしまいと決めつけ、本心を探り出そうとしたのだが、ブラウンは

皆さんにご理解いただきたいのだが、私は奴隷制によって虐げられた、もっとも貧しく弱い立場にある黒人(colored people)の権利を、金と権力をもつ人たちの権利と同じように尊重している。私を動かしたのはこの考えだけだ。(DeCaro 2015, 60)

といった発言を繰り返した。

他方、ブラウンの関心はもっぱらクリスチャンとして神の意志に従うことであり、奴隷制廃止運動はそのための一つの手段にすぎなかったのか、言い換えれば慈善活動が自己目的化しているような宗教家だったのかといえば、そういうわけでもない。というのも、ほかの社会的不正、たとえば白人も含む貧困・格差の問題に対しては立ち上がっていないため、黒人奴隷の解放は彼にとって特別な意味を持っていたと推測できるからだ。どうにも放っておけない人たちがそこにいたという少年期からの体験あっての運動だったと考えられる。

暴力的手段正当化のロジック

しかし、なぜそのために暴力的手段を選んだのだろうか。当時のほかの奴隷制廃止運動家のほとんどは非暴力的手段で目的を実現しようとした。ブラウンは彼らとは違った。理念のために自身の命を犠牲にするだけでなく、遮る者を迷わず殺害した。「血を流すことなしには罪の赦しはありえない」という聖書の言葉（ヘブライ人への手紙9:22）にブラウンは度々訴えたという（DeCaro 2002, 72）。次の引用の冒頭部分は先に引用したが、これには驚くような発言が続いていた。

> 私は黄金律と独立宣言を信じています。両方は同じことを言っていると思うんです。そして、この国で、一部の人間が見捨てられるくらいなら、今生きている人たち――男性、女性、子どもを問わず――が全員、ごっそりこの地上からいなくなる方が、つまり死んでしまう方がましだと思っています。本当にそう思うんです。（Reynolds 2009, 32）

黒人奴隷を解放するには、一人二人ではなく、南部人全員の命を、子どもを含めて奪ってもかまわないのだという理屈である。これは北部の奴隷制廃止運動家、ジョージ・スターンズ（一八〇九～六七）に語った言葉なのだが、スターンズの方は、密かにブラウンの行動を支援していたが、襲撃が失敗したと知るや、逃げ出してしまったという。

このような奴隷制廃止運動と暴力肯定、さらにキリスト教思想の結合は、当時も極めて特殊だったのだが、ブラウンの頭の中ではどうつながっていたのだろうか。これについては、ブラウン研究者は、先にも触れた彼のピューリタン／カルヴィニスト的出自の影響を指摘してきた。国王処刑に至るピューリタン革命を主導したクロムウェル（一五九九～一六五八）のように、体制を転覆してまでも神の意志に従おうとしたというのである。ブラウン自身もクロムウェルの伝記を愛読していた上に、彼の同時代人もしばしばブラウンをクロムウェルになぞらえた。ブラウンのピューリタンとしての筋金入りぶりは、武器庫襲撃もポタワトミーの虐殺も日曜日に実行したことにも現れている。彼は厳格なピューリタンであったため、安息日を徹底的に遵守し、日曜には他人の家を訪問することすらなかったのだが、襲撃は行ってよいと考えたのである。それは聖戦だったからである。

非暴力的なほかの奴隷制廃止論者の間では、代表的なウィリアム・L・ギャリソン（一八〇五～七九）に見られるように、プロテスタントの教派の一つであるメソジスト系の完全主義（perfectionism）が信奉されていた。これは、人間は神の恩寵《おんちょう》のみによって救われるとした伝統的なカルヴィニズムに対して、人間は自力で自己改良できるし、そうすべきだとする考え方である。神による予定（預定）を絶対視するカルヴィニズムに対して、人間の自由意志を重視するアルミニウス主義の流れである。ギャリソンは、南部人には自ら奴隷制の非を認め、改心する余地があるのであり、自分たち北部人の役割は模範を示すことだと考えた。また、奴隷制の暴力性は悪魔の所業というべきものであり、キリスト教に依拠してそれに対抗するためにはその反対の非暴力というアプローチがふさわしいとも考えた。そのような思想は一九世紀の進歩的な時代の雰囲気に合い、他方、カルヴィニズムは時代遅れとしてアメリカ社会において既に後退していたのである。

それに対してブラウンは、北部人がいくら口で言って聞かせても南部人が奴隷制廃止に応じることなどないと見ていた。元奴隷の奴隷制廃止運動家、フレデリック・ダグラス（一八一八〜九五）に、平和的手段をとらないのはなぜなのかと問われたとき、彼は「南部人は誇りが高いから、説得によって奴隷を手放すことなどないだろう。自分たちの頭の上に棍棒《こんぼう》が振り下ろされない限りはね」（Reynolds 2009, 123）と答えた。奴隷制が存在する現状は既に戦争状態なのであり、だから奴隷たちは自由を得るためにどのような手段をも使ってよいはずだとも述べている。武器庫襲撃が失敗した後も、北部からの面会者を前に、奴隷制が暴力抜きに廃止されることはない、とギャリソンら非暴力主義者を改めて批判した。絞首刑に終わろうとも、自分の死は奴隷制をめぐる大きな闘争の呼び水になり、そうなればギャリソンたちの運動を何十年重ねるよりもはるかに早く、奴隷制を廃止する目標を達成できるのだと主張した。だから、奴隷制を叩き壊せるよう、神は私の手に剣を握らせたのだと（DeCaro 2015, 102, 111）。

このような発言から窺えるのは、ブラウンが熱い信仰と現実主義を併せ持っていたことである。奴隷制という悪に対して微塵《みじん》も妥協せずに立ち向かうという厳格さは確かにピューリタン的だが、いわゆる二重予定説に従い、神が南部人を既に破滅の方に予定しているから、彼らに自己改良の可能性はないと信じ、滅ぼそうとしたわけではないようだ。むしろ、実際に彼らに接し、南部社会がいかに深く奴隷制に依存しているかを理解することから生まれた、ブラウンにとっては現実的な判断として、戦う道を選んだ。そしてそれは神も望んでいることだと彼自身は理解していた。

そのことをよく表すエピソードがある。襲撃事件後、州知事はブラウンを尋問する中で、その計画の無謀さに疑問を抱かざるをえず、また自身が宗教的な南部の文化で育ったこともあり、信仰に踏み込んだ質問をした。信心深さを自認するのだったら、このように血を流すことになる計画はおかしいのではないかと事前に思わなかったのか。悪を糺《ただ》すことは全能の神に委ねておけばよかったのではないかと。これに対してブラウンは、「その問題については私も長いこと苦しみながら考えたのだが」、最終的に「神は、弱くて失敗もする人間を道具に使って偉大な計画を遂行されるのだ」という結論に至った、これは「気高い道徳的・宗教的義務なのだ」と述べ、知事を呆れさせたという（DeCaro 2015, 53)。

この「神の道具」として自分は選ばれているという意識には、彼の終末観も関係しているかもしれない。一般に、過激な行動をとるクリスチャンは、終末論を信じる場合、そのヴァリエーションの中でも前千年王国思想という終末論を持つ傾向があるとされる。前千年王国思想では、千年王国という、クリスチャンにとっての至福地上天国が到来する前に、キリストが再臨し、最終戦争（ハルマゲドン）が始まる。しかもその時は間近に迫っていると考えるので急進的になる。前述の、ローマ教皇は反キリストだという解釈は、ピューリタニズムの中の前千年王国的思想の名残である。

ところが、ブラウンは前ではなく後千年王国思想を信奉したとされている。後千年王国思想とは、キリスト再臨前に千年王国が到来するとする、すなわちまずキリスト教の美徳が社会に次第に広がり、（神から見て）義《ただ》しい社会秩序が実現し、黄金時代が始まるという考え方である。漸進的な社会改良主義であり、穏健で楽観的な思想であるため、これはブラウンの方ではなく非暴力主義の奴隷制廃止論者ギャリソンの立場だという説もある。

だが、ブラウン家が後千年王国思想を説く会衆派教会に通っていたのは事実であり、また彼が傾倒した神学者ジョナサン・エドワーズ（一七〇三～五八）は後千年王国思想をとっていた。エドワーズは一八世紀の大覚醒運動の立役者だが、彼が説教をするリバイバル集会で、大勢の人が次々に回心体験をしていくさまは、アメリカ社会が劇的に変わり千年王国に移行していく証しだとみなされたのである（DeCaro 2002, 57–60）。ブラウンが目ざしたのは、異教徒が次々とプロテスタントになる社会ではなく、奴隷制のない社会であるという点はエドワーズとは違っていたが、未来は明るいと見ていた。

また、奴隷制擁護論者や奴隷所有者を「悪魔視」することもなかった。ブラウンの娘の一人は、子どもの頃、奴隷所有者は何て邪悪な人たちなんだろうと口にしたところ、ブラウンから「おまえもあの人たちと同じように育てられていたら、同じように感じるところだったぞ。あの人たちのせいじゃなく、育てられ方のせいなんだ」と叱られたという（DeCaro 2015, 234）。ブラウンが収監中に南部の裁判官や監獄の誰に対しても敬意を持って接したことも、このことを裏付けている。

つまり、ブラウンは、アルミニウス的完全主義者ではないので、個々人が自力で自分を変えられるという考え方はとらないが、自分が神の道具になり（正確には、道具として神に選ばれた以上）、奴隷制という不正のない社会をもたらす努力をすることは使命だと考えたのである。熱烈な終末論信奉者ではなかったため、奴隷制廃止運動を推進すれば千年王国の扉が開くといったことを喧伝《けんでん》したわけではなかった。自分の心の中で納得のいくロジックを模索し続けたということのようだ。カルヴィニストとして予定説は信じていたため、武器庫襲撃の失敗は神が予め定めていたことであるとも受け取ったが、それで落胆したわけではなかった。自分の役割はより大きな本格的な闘争の口火を切ることだったと意味づけたのであり、実際にも、彼の死は南北戦争につながっていった。死刑執行前に、ブラウンは、会衆派牧師でもあった彼の少年時代の教師に、平和と正義が世に実現する時が来るのを楽しみにしていると書き送っている。

2　現代のプロ・ライフ派はブラウンの後継者か——命のために命を奪う人々

この章の冒頭で筆者は、ブラウンは左派、最近のキリスト教系過激思想は右派とみなされていると述べた。欧米のキリスト教系過激派には排外的な白人至上主義者が多く、日本でいえば在特会やネトウヨ的ポジションにあたるからである。しかし、この対比はそれほど自明なものだろうか。というのも、そのようなキリスト教右派のテロリストの中には、自分はジョン・ブラウンを見習ったのだと明言する人たちがいるからである。妊娠中絶反対運動家のジョン・バート（一九三八〜二〇一三）、ポール・ヒル（一九五四〜二〇〇三）はそうだし、一九九五年のオクラホマシティ連邦政府ビル爆破事件の主犯であるティモシー・マクベイ（一九六八〜二〇〇一）もブラウンに心酔していた。なかでもヒルは、教派としてはブラウンの会衆派に近い長老派の牧師であり、その主著には、前節で引用したブラウンの処刑前の弁明の最後の文句「私の血を混ぜよ」をもじったタイトルを付けている。

奴隷制廃止運動と妊娠中絶反対運動を比較してみよう。ブラウンは、差別され、虐待される社会的弱者である黒人奴隷のために、奴隷制擁護派を攻撃した。中絶反対運動家は、抵抗の余地なく命を奪われる胎児のために、中絶容認派・中絶手術を行う医師を攻撃した。どちらも弱き存在への残虐行為を力ずくで止めようとしたのである。そこだけ切り取れば、ブラウンと中絶反対運動家は同じ志向性を持っているように見える。研究者には、ブラウンのことは評価し、右派のキリスト教系過激派のことは毛嫌いする傾向があるが、これは研究者に多いリベラル派の持つバイアスなのだろうか。

まずは現在の右派のキリスト教系過激派たちがどのような思想を持ち、どのように武力行使を正当化しているかを見ていこう。

キリスト教系過激派はどのような事件を起こしたか

最初に述べたように、本書は実際の行動や事件ではなく、思想の分析を目的としているが、イスラム系の二〇〇一年同時多発テロ事件やISに比べると、キリスト教系の過激派はいつ

年	人物	概要
1994	ポール・ヒル	長老派（後述のリコンストラクション神学を奉じる保守系の長老派）の牧師。アメリカ・フロリダ州にある中絶手術を行うクリニックの医師とボディーガードを殺害。
1995	ティモシー・マクベイ	オクラホマシティ連邦政府ビル爆破事件の主犯。死亡者168名、負傷者600名以上。
1996	エリック・ルドルフ	アトランタのオリンピックパークを爆撃。死亡者3名、負傷者150名以上。
1996	チャールズ・バービー、ジェイ・メレル、ロバート・ベリー	ワシントン州の全米家族計画連盟（プランド・ペアレントフッド）の設備（中絶クリニック）や銀行を襲撃。
2015	ロバート・ディア	コロラド州コロラドスプリングスのプランド・ペアレントフッド病院を銃撃。死亡者3名、負傷者9名。
2015	ディラン・ルーフ	サウスカロライナ州チャールストン教会においてアフリカ系アメリカ人の信者や牧師を銃殺。死亡者9名。
2018	マーク・コンディット	テキサス州オースティンの住宅街や宅配業者の集配所などで爆発を起こす。死亡者2名、負傷者6名。
2019	ブレントン・タラント	ニュージーランド・クライストチャーチのモスクを銃撃。死亡者51名、負傷者49名。

どのような過激な事件を起こしたのかが日本ではあまり知られていないかもしれない。そこで、誰が何をしたのかを先にざっと説明しよう。

キリスト教系の過激派の事件となると必ずしもみなが認識を共有していないのは、主犯がムスリムの場合は「テロ」と呼ばれるものが、クリスチャンの場合は「銃乱射事件」(クライストチャーチのモスク襲撃など)とか「爆破事件」(オクラホマシティ連邦政府ビル襲撃など)といった表現で報道される傾向があるからかもしれない。だがそれでも、インターネットで「Christian terrorists」をキーワードに検索すると、代表的な「キリスト教徒のテロリスト」を列挙するサイトはいくつもあり、そこに挙がっている人たちはだいたい重なっている。

彼らの職業は主としてブルーカラーの仕事であり、しかも不安定な人が多い。年齢は、マクベイ、ルドルフ、ルーフ、コンディット、タラントは犯行当時二〇代だった。

キリスト教の中の派としては全員がプロテスタントであり、さらに最後のタラント以外はアメリカ人であり、事件もアメリカ国内で起こしている。他国にキリスト教系過激派が全くいないわけではなく、北アイルランド紛争時の〝死の部隊〟は知られているし、アジアやアフリカにも過激なグループは存在する。だが、本節では以下、アメリカ・プロテスタント系の過激思想に限定してその内容を見ていく。これは、表面的には見えにくい、ブラウンとの異同を明らかにするためには、時代の変化以外の条件、つまり国やプロテスタントかカトリックかといった特徴は揃《そろ》える方がよいためである。

なお、二〇一一年にノルウェーで連続テロ事件を起こし七七人を殺害したアンネシュ・ブレイビクは、もともとプロテスタントだったようだが、北欧神話のオーディンを崇拝していた。これは新異教主義（ネオ・ペイガニズム）と呼ばれる宗教・文化的潮流である。新異教主義と極右思想の親和性については、第5章で触れることにする。

共通する思想

これらの銃撃犯や爆撃犯は、逮捕後、個々には精神鑑定を受けているが、暴力行使の原因を個人の精神的な問題のみに還元するにはあまりに類似犯が多く、またバックボーンになる思想や団体が確かに存在する。そのキーワードは、ドミニオン神学、リコンストラクション（再建）神学、クリスチャン・アイデンティティである。一般的な学術的理解に従い、これらを順に説明していこう。

ドミニオン神学とは一九七〇年代に徐々に台頭した思想で、聖書に基づく政教一致の社会を築くことを目ざす。ドミニオンの語は聖書・創世記（1:28）の「神は彼らを祝福して言われた。「産めよ、増えよ、地に満ちて地を従わせよ。海の魚、空の鳥、地の上を這《は》う生き物をすべて支配（dominion）せよ。」」に由来する。この節は、環境倫理論の文脈で、ユダヤ・

キリスト教には人間が自然を支配ないし管理することを良しとする考えがあることの証左として引用されることが多いが、ドミニオン神学では、この場合の支配の範囲は自然界だけでなく社会・政治にも及ぶとし、しかも支配する主体は人間全体というよりもクリスチャンであると解釈する。

ドミニオン神学が生まれた時代背景は、一九六〇年代から七〇年代にかけての革新的な社会潮流に対する反動期である。すなわち、いわゆるカウンター・カルチャー運動、ヒッピーの若者文化を典型とするような、伝統的な社会規範を覆し、自由を謳歌《おうか》する運動が終息に向かい、同時にその社会的影響を問題視する声が大きくなっていく時代だ。女性が自由と権利を主張するようになったことが離婚増加につながったとか、ヒッピー・ムーブメントはドラッグの濫用を引き起こし、社会のモラルを低下させ、無秩序・頽廃《たいはい》を生んだと考える人々が、「古き良きアメリカ」への回帰を求めるようになった。

そのような「古き良きアメリカ」の原型は、宗教に基づいて社会・政治が運営されていた一七世紀のピューリタン社会であり、そのような神権政治を復活させることが急務だと訴えるのがドミニオン神学である。子ども・若者に道徳を身につけさせるべきで、それには宗教が必要だと考えるのは、アメリカの保守派に限ったことではないが、アメリカのリベラル派は政教分離・信教の自由こそが建国以来のアメリカの最重要原則であるととらえているため、両者の対立が先鋭化しやすい。

そして、ドミニオン神学の中の最強硬派がリコンストラクション神学である。リコンストラクションとは再建、つまり建国の時代に社会を戻して立て直すことを意味する。政教一致に戻すとは単にキリスト教をアメリカの国教にするということではなく、聖書の法（律法）を生活・文化の全ての側面に適用することを意味する。この場合、神権政治（theocracy）にとどまらず神律体制（theonomy）をとることになる。それではユダヤ教になるのではないかと思う人もいるかもしれないが、キリスト教の中には新約聖書を旧約聖書よりも重視し、後者によって前者は乗り越えられているとする派もあれば、両方に依拠すべきと主張する派もある。伝統的改革派（＝カルヴィニズム系）教会、そしてその継承者を名乗るリコンストラクション神学は後者なのである。しかも、あくまで彼らの解釈に基づく聖書の適用であるため、具体的には、同性愛については同性婚を認めないどころではなく、死刑を科すとか、奴隷制を復活させるとか、レイプ対策として全員を強制的に結婚させるといった施策が提唱されている。突拍子もないと思う人が多いだろうが、彼ら自身はカルヴィニズムの直系を自認しているので、これがプロテスタントの王道だという意識なのである。

それに対して、自分たち以外の宗教（プロテスタントのリベラル派を含む）、イデオロギーはみな、神ではなく人間の考えに従っているため、誤っていると論じる。クトゥブの神の法と人の法の対置に似ているが、リコンストラクショニストはこの思想をプレサポジショニズムと呼んでいる。これは、何ごとについても中立的・客観的な知は存在せず、全ての知は二種類の前提のうちのどちらかに基づいているという考えである。一つは啓示された神の言葉（すなわち聖書）、もう一つは（神に対して自律性を持つと錯覚された）人間の理性である。前者に基づく知のみが正しく、後者は誤っている。なぜそういえるのかと問えば、それは神の言葉は正しいからという理由しかない、信じない者から見れば論点先取の回答が返ってくるのだが。

リコンストラクション神学は終末に関しては後千年王国説をとり、キリストの再臨までに、自分たちが政府を含む地上の制度を全てコントロールしておくことは、神から与えられた義務だと信じる。このため、政財界への働きかけに非常に積極的である。最も大きな社会的影響としては、ホームスクール運動が挙げられる。これは子どもを学校に行かせず、自宅で親が教育する運動であり、理由は、学校、特に公立校では神の言葉に基づく正しい知を教えてもらえないということによる。教育省の調査によれば、二〇一六年にホームスクールで学んでいる児童は全米で一七〇万人近くおり、その半数以上は宗教的理由によるものだった。この中にはプロテスタント以外の家庭の子どもも含まれているが、もともと運動の中心になったのはリコンストラクション神学の唱道者たちである。

三つめのキーワード、クリスチャン・アイデンティティとは白人優越主義の宗教運動で、一九二〇年代初頭にまで遡れるが、活発化するのは一九八〇年代である。これは教派の一つではなく、いくつかの別々の小グループないし単独の教会として存在している。彼らは、旧約聖書に記されている、神と契約を結んだ民族（いわゆる「イスラエルの失われた一〇支族」）は、本当はユダヤ人ではなくアングロ・サクソン人を中心とするヨーロッパ人だったと信じる。ユダヤ人はイヴと悪魔の間にできた子どもの子孫であり、アフリカ人は人間以下の存在であるとする。政治的には、同性愛や銃規制に反対するといった点で、一般的な保守的プロテスタント（福音派）と共通性を持つが、ユダヤ人に対する態度は異なる。福音派にはクリスチャン・シオニストを名乗る一大勢力があるが、これはユダヤ人がイスラエルに帰還することが終末の始まりであると信じるため、（少なくとも表面的には）親ユダヤ人・イスラエルなのである。

それに対してクリスチャン・アイデンティティの終末論は、白人を滅ぼそうとするユダヤ人と有色人種に対して、彼らが抗戦し、逆に地上から消滅させるというシナリオである。この世界最終戦争は人種戦争の形をとるというグループもあれば、ユダヤ人が背後で操る国連との戦いになるというグループもあるという。ユダヤ人は経済界も牛耳っているが、特に銀行制度を支配していると信じられている。先に挙げたテロ事件のうち、バービー、メレル、ベリーの三人組はクリスチャン・アイデンティティの思想の影響を強く受けているが、彼らが中絶クリニックだけでなく銀行を襲撃しているのは、このユダヤ人陰謀論のためである。クリスチャン・アイデンティティの運動家は、運動資金を調達するためにも、またユダヤ人に打撃を与えるためにも銀行をねらうのである。

クリスチャン・アイデンティティはこのように陰謀論に基づいているため、自ら政財界に乗り出して政治や経済システムを変えることは不可能であり、力で転覆させるしかないという結論に至りやすい（二〇二〇年の米大統領選の状況を見ると、これからは必ずしもそうはいえなくなるかもしれないが）。オクラホマシティ連邦政府ビル爆破事件を起こしたティモシー・マクベイもクリスチャン・アイデンティティに強い影響を受けていたとされている。もっとも、政財界を動かそうとするリコンストラクション神学の方も、自分たちは絶対的に正しく、それ以外は誤っていると考えるので、他者を悪魔視しやすく、自分たちの思想が社会に受け入れられず、批判されるならば、それを理不尽な迫害と受け止め活動が先鋭化する。

暴力的手段正当化をめぐる論争

そのような先鋭化した団体の代表的なものが、中絶反対運動を活動の中心とする「神の軍隊 Army of God」である。一九八二年に設立され、前述の一〇名のうち、ポール・ヒルとエリック・ルドルフ（一九六六〜　）がメンバーである。彼らが事件を起こしたのは民主党クリントン政権下であり、彼らから見れば社会の道徳がいっそう後退し、堕落が進んでいた。彼らを含む中絶反対派は「プロ・ライフ（命を支持）」派と呼ばれ、それに対して中絶容認派は「プロ・チョイス（妊娠している女性の選択の自由を支持）」派という。なぜ命を大事にしようという人たちが他人の命を奪うのか、キリスト教とどう関係づけられているか、彼らの思想を見てみよう。

「神の軍隊」のブレーンであるマイケル・ブレイは、中絶を行う医師を殺害したヒルを真の「預言者」であったと称賛する声明を彼の処刑直後に公表している。ブレイは自身も中絶クリニック爆破未遂で逮捕された経験がある牧師である。ヒルの行為を正当化するためにブレイがとり出すカードはジョン・ブラウンと同じ、聖書とアメリカの独立宣言だ。

声明はまず、中絶は殺人と同じだという〝真実〟を認めながらも、それを力で止めようとしない弱腰の中絶反対派を不誠実だと非難することから始まっている。——弱腰反対派は口先だけだが、ヒルは〝真実〟のために体を張って行動した。隣人の中でも最も弱い立場におかれた隣人である胎児たちを愛し、守ろうとしたのだ。しかも彼は、秘密裡にではなく公然と医師を殺害した。これは、自分の行為を社会へのメッセージにするためであり、ゆえに彼は預言者としてふるまったのだといえる。人を殺すなかれ、隣人を愛せという聖書の法（律法）が正義の基準であるべきだが、ヒルはそれに誠実に自ら従い、政府も市民も同様にすべきだと訴えたのだ――とブレイは主張する（隣人愛はキリスト教のもの、律法はユダヤ教のもの、という理解を日本ではよく見かけるのだが、正確には隣人愛も律法の一つである。プロテスタントでもリベラル派は確かに律法を強調しない。他方、ブレイたちは、ユダヤ教徒の〝律法主義〟は儀礼的なルールへのこだわりだから批判されるべきだが、社会正義や道徳に関するルールはクリスチャンが守るべき律法であるとして重視する）。

そしてブレイはヒルをジョン・ブラウンになぞらえ、ブラウンの同時代人である作家ヘンリー・ソロー（一八一七〜六二）がブラウンを、「人間の尊厳」のために誰よりも果敢に立ち向かった人物であり、ゆえに誰よりも「アメリカ人」であると擁護する演説を引用する。さらに自らも次のように述べる。

正義は、私たちの独立宣言の視点、すなわちすべての人間は創造主によって「不可侵の権利」を与えられているということを前提とする。正義は、無実な人間たちを、彼（女）らを餌食にしようとする者、彼らの血を流すことで金儲《かねもう》けをしようとする者（中絶手術費をとる医師のことを指す）、プロ・チョイス派のロビー活動家にへつらう政治家から守るようにと要求する。

……「米国政府が、中絶を合法とすることで、毎日四〇〇〇件の殺人を容認しているのであれば、武装革命とまでいかなくても市民の不服従が求められるのは当たり前だ。そのような恐ろしい社会では、非暴力的抵抗は道徳的に全く誤っている。ナチスのジェノサイドに絶対的平和主義で立ち向かうようなものだ。大量殺人を完全に終わらせることはできないまでも少なくとも妨げるために、暴力による反対運動を組織することは最も賞賛すべき対処法である。」(一九八八年『ニュー・リパブリック』からの引用)……(Bray 2003)

声明の最後は、預言者を処刑するような社会は先が長くないだろうという警告で終わっている。

ブレイは真のクリスチャンにほかの選択肢などありえないと論じるのだが、リコンストラクション神学者全員が彼のように暴力的な中絶反対運動を認めているわけではない。ヒルは医師を射殺する数か月前に、代表的なリコンストラクション神学者であるゲイリー・ノース(一九四二〜)に手紙を出し、そのような行為が神学的に正当化できるかどうか相談をもちかけていた。ノースは歴史学の博士号をもち、経済学者としても知られる論客であるため、お墨付きを得ようとしたのである。ノースは手紙をまともに受け止めなかったようで、返答をしたのは事件が起こった後だったのだが、医師殺害行為は誤りであり、ヒルは「地獄におちる」と明言している（North 1994）。ノースも中絶を殺人と同じとみなし、胎児を救うためには違法行為をも厭わないが、許されるのは中絶クリニックに勝手に侵入して座り込むといった行動までであり、医師を殺害するのはもってのほかだとする。

その理由は、いくら中絶手術は悪いことだとしても、ヒルのように自己判断で医師を殺害するというのは「私的制裁 vigilante」にすぎず、それを許してしまってはアメリカ社会が無法化してしまうからだとノースは主張する。すなわち、ヒルは聖書の法を守っているのではなく、むしろ全ての法を無視するアナーキストにすぎない。中絶反対派が行うべき活動は、まずあらゆる中絶を違法化すること。そして違反する者を法律で裁判官が裁けるようにすることだとノースは考える。もし国家がそのような制裁を下すことを怠っていたら、神がその国家を罰するはずだから任せておけばよい。そもそもヒルが医師を一人殺害したところで、中絶容認派の心は変わらない。むしろそのような凶悪事件は容認派に利するように働き、中絶の違法化がいっそう遅れ、その間にさらに胎児が殺され、逆効果になるというのがノースの論点である。

ノースも、聖書の立場は絶対的平和主義（非暴力主義）ではないとは認めている。「殺すなかれ」という戒律を守らせる一方で、カナン人を撲滅せよとイスラエルの民に命じているのだから。しかし、神の敵に死をもたらすことを聖書が許しているのは、特別なポジションにある者に対してのみ、すなわち軍隊、家長（自分の家族が襲われた場合）、死罪が決定している者の処刑を手伝う証人（わかりにくいが、処刑執行人が公務として処刑を行うのは認められるべきだというのは前提であり、その処刑人を手伝う者も許されるということ）、親族の復讐をする者、戦時中の牧師や預言者（牧師や預言者は通常は殺害を犯してはならないが、戦場で攻撃を受ければそれも許されるということ）に対してのみであるとノースはいう。ヒルはそのような例に該当しないだけでなく、そもそも教会から破門された自称牧師、自称預言者にすぎない。ヒルは自分について「神を恐れるが人間を恐れない男」というメディア・イメージを作り上げているが、逆に神を無視して勝手にふるまっているだけだとノースは激しく糾弾している。聖書が私的制裁を制限している箇所（たとえば「人は皆、上に立つ権威に従うべきです。神に由来しない権威はなく、今ある権威はすべて神によって立てられたものだからです」ローマの信徒への手紙 13:1）を引用しながら。

同じリコンストラクショニストからこのような批判を受けては、「神の軍隊」側としては、「革命のどこが悪いのか」と言い返すしかない。エリック・ルドルフはその点を集中的に論じた文書を公開している（Rudolph 2018）。まず、聖書は政府に対抗して剣をとること、すなわち暴力革命を認めていると、「詩編 149: 5–9」などを引用しながら示す。そして、中絶を行う医師を殺害することは、革命であり、戦争であるとする。というのも、単に連れ去った子どもを殺そうとしている誘拐犯を子どもを助けるために殺害するのとは異なり、医師殺害行為は、中絶を容認する法を持つ国家自体に対抗している意味を持つからだ。

そして、ルドルフは、医師殺害は戦争だとしても「正戦」ではないとする、カトリックの論客による説を論駁《ろんばく》する。「正戦」という概念は序章で取り上げたが、暴力を倫理的に許容できる範囲に限定した戦争を指す。医師殺害を批判している説の方は、「正戦」の条件を四つにまとめている。

エリック・ルドルフ

①攻撃者による損害が持続的で、重大で、明白である
②他のあらゆる非暴力的手段によっても戦争回避が不可能である
③成功の見通しが高い
④武力行使による害がそれによって排除される害より小さい（Rudolph 2018, 42）

医師殺害は正戦ではないとする説は、該当する条件

が①だけだからというのを理由にしている。これにルドルフは次のように反論する。――どのような戦争であっても、②〜④が事前に把握できているというケースは少ない。だから、米国独立戦争、内戦、第二次世界大戦がそれぞれ正当化されうるのであれば、六〇〇〇万人のアメリカ人に対するシステマティックな殺害（＝中絶が合法化された一九七三年以降のアメリカの堕胎数）に対する戦いだって正当化されてしかるべきではないか――。

そしてルドルフは、キリスト教の正戦論は、「悪に対しては対抗し、戦い、転覆させせなくてはならない。そうしなければよりひどい悪が起こってしまう」という考え方であるという。正戦論を暴力を制限する倫理ではなく、戦うこと自体の倫理的正当化だととらえているのである。またキリスト教の隣人愛は絶対的平和主義と同じではなく、隣人を愛することはその命を守るということを含むはずだから、そのために力に訴えることもあるのだと説いている。

ジョン・ブラウンとの比較

以上のような論戦が展開されているのだが、ジョン・ブラウンと比べてどうだろうか。ブラウンのやったことは（諸手を挙げて賛成までしなくても）理解できるが、彼らの医師殺害はそれとは違うのだといえるだろうか。ブラウンの時代は、黒人奴隷は〝人間以下である〟とされ、命を軽く扱われた。現代アメリカ社会では、（ある一定の時期までの）胎児が〝人間以下である〞とされ、命を軽く扱われている。前者の「人間かそれ以下か」の境界線が、力ある者によって恣意《しい》的に引かれたものであったように、後者の境界線も絶対的なものではない（だからこそ意見が分かれている）。

したがって、ブラウンと彼らがどう異なるのかについては、以上のような殺害正当化の部分のみのロジックだけでなく、時代の変化も考慮する必要がある。その観点から鍵となるのは「アイデンティティ」という概念だ。ブラウンは、伝記や先行研究からわかる範囲でだが、自分のアイデンティティ探求から出発して奴隷制廃止運動に至ったわけではなかった。それに対して、現代の「キリスト教徒のテロリスト」においては、自分は何者かという問いと、過激な思想・行動が結びついている。彼らの運動の一つがクリスチャン・アイデンティティという名前を持つのは示唆的である。ルドルフは「神の軍隊」のメンバーであると同時にクリスチャン・アイデンティティ運動とも関わりが深いのだが、青年期の自分探しの過程で右派の思想に惹《ひ》かれていった半生を自ら語っている（Rudolph 2015）。前述したような通り一遍の概論的な説明では十分にわからない、なぜそのような思想に傾倒したのかを知る手がかりになる一つの事例である。

クリスチャン・アイデンティティは白人優越主義の運動だと先に述べた。ルドルフもジョン・ブラウンを引き合いに出してヒルや自分を正当化するため、白人優越主義者がなぜブラウンを肯定的にとらえるのかが不思議である。しかし、自伝からは(そのまま受け取ればだが)ルドルフのような過激派の思考回路も全く意味不明というわけではないことがわかってくる。

一八歳になったばかりの彼をクリスチャン・アイデンティティを奉じる教会に誘ったのは、宗教遍歴中の母親だった。教会自体に魅力を感じたというよりも、そこで出会った少女とつきあおうとして教会に通ううちに牧師に才能を見込まれ、後継者にならないかと誘われる。フライド・チキンのレストランで働いていた彼としてはそういわれて悪い気はせず、神学の勉強を始める。そしてほどなく、クリスチャン・アイデンティティの思想については、自分なりに、白人が「イスラエルの失われた一〇支族」の末裔だという歴史観が荒唐無稽であるだけでなく、時代遅れの優生学だと結論づけた。この思想は、古代イスラエル人とカナン人などの多神教徒の対比を、そのまま現代の白人と有色人種の対比にスライドさせたものだが、人種による遺伝的な違いはそれほど大した違いではなく、実際のところ、白人の中でのリベラル派と保守派の違いの方がよほど大きいと思うに至ったという。現代のアメリカ社会の問題を引き起こしているのは白人のリベラル派だというのである。

よって、ルドルフが白人優越主義に至ったのは、クリスチャン・アイデンティティの影響ではない。その数年前から、彼はアメリカ政府が社会主義者と国連に操られていると論じる陰謀論を信じる愛国主義運動のグループに関わり、射撃訓練をするキャンプなどに参加していた。陰謀論そのものは一五歳の彼にとって今一つピンとこなかったが、愛国主義者たちが、そのうち戦争が来る、アメリカを国連に売り渡そうとする裏切り者と戦わなくてはいけないという話にひきこまれていった。「戦争が近づいているという話は私（ルドルフ）の興味をそそった。人生において初めて、私は（自分の人生には）目的があるのだと思った。来るべき大戦争に備えるというのは、自分にとって信じられないくらい魅力的だった」（Rudolph 2015,109）と書いている。

そして、白人はすばらしいと思うようになったのは、通った公立校の教員たちへの反発と独自の読書体験からだった。リベラルな思想を持つ教員たちは、彼から見れば、生徒に罪悪感と自己嫌悪を植えつけるような歴史観に基づきアメリカ史を教えた。その一方で、学校ではドラッグや暴力が放置されていた。学校がすぐに嫌いになり、歴史に関する本や伝記、特に南北戦争時の南部の勇将のような軍人の偉人伝に心に響くものがあり、読み漁ったという。

私はこれらの人たちと精神的―霊的レベルでつながることができた。そしてその過程で、私は自分の真のアイデンティティを発見したのだ――私はアメリカ人であり、そのことに私は誇りをもっているということに。公立校の教員たちによって植えつけられていた自己嫌悪や罪悪感は消え去った。ジョージ・ワシントン、ストーンウォール・ジャクソン〔南部連合の軍人〕、ジョージ・パットン〔米陸軍軍人〕など、これらの巨人たちと、教員たちが祭り上げていたセザール・チャベス〔メキシコ系アメリカ人の公民権運動家〕、マルコムX、ベティ・フリーダン〔フェミニスト〕といった小人たちを比べると、彼らの憎しみがどこから来ているのかがわかった。それは、弱者が強者に対して、凡庸な者が特別な人間に対して、怠け者が勤勉な人間に対してもつ種類の憎しみだったのだ。アメリカがその全盛期にどうであったかを、現代の腐った屍《しかばね》と比較することで、私は自分の本当の教育を始めることができた。(Rudolph 2015, 110)

このように、ルドルフは初期のマルコムXのように、自分とは異なる人種を「悪魔だ」とみなして自民族優越意識を持ったのではない。論理的には自分は神の側、敵対勢力は悪魔の側だということはできる。だが彼にとって何よりも重要なのは、ワシントン、ジャクソン、パットンの系譜に自分を帰属させることで自分が肯定されたという体験、彼らのように勇敢に戦い、本来のアメリカを取り戻すという使命感の獲得だった。

序章で紹介したように、宗教学者ユルゲンスマイヤーは、「神の軍隊」やクリスチャン・アイデンティティの暴力事件の特徴を「コスミック戦争」と呼び、近代以前の聖戦と区別している。それは実効性よりもパフォーマンス目的で、「善と悪、正義と不正、秩序とカオスといった空想的な力と力の間で展開されているとイメージされた戦争」である。ユルゲンスマイヤーによれば、「クリスチャン・アイデンティティの説教師はよく聖書に描かれている大天使ミカエルが悪魔の子孫を破滅に追い込む場面を引用する。こうして聴衆の心を暗黒の勢力と光明の勢力の間で戦われている、人間の目には見えないコスミック戦争へと向けさせる」(ユルゲンスマイヤー 二〇〇三、六九)。そしてそれを聴いた者は「勇敢で戦闘的行動こそが悪のシステムを威嚇し自由を愛する大衆の心を目覚ませる」(六四)と信じるようになるという。この「コスミック戦争」論とここで論じた若者のアイデンティティ探求という側面を組み合わせると、彼らのような過激なプロテスタント右派の世界観は、日本のサブカル用語をあてはめるなら「セカイ系」といえるだろうか。自分は何者なのかというパーソナルな問題が、具体的な政治的・社会的状況を飛び越して、世界の危機や終末という抽象的な大問題に直結しているのである。その中間として「中絶」の問題にアプローチしているように見える。

殺害正当化ロジックのみをブラウンと比較すると、どちらも人権問題に還元されるのだが、過激なプロテスタント右派の若者たちには深い喪失感・欠落感があり、それと社会を宗教化させる運動が、アメリカとアメリカ人としての自分を取り戻す点で結びついているようだ。

ブラウンは、自分自身に対しては妥協を許さないカルヴィニストだったが、子どもたちにも部下にも自分の信仰を強要することはなく、彼らが奴隷制に「宗教的に反対」する限りは何教でもかまわないとした。現代において政教一致社会を築くことに匹敵するような、社会の根本的な改造を目ざしたわけではなかった。アメリカ・アメリカ人という言葉も、もっぱら他人を説得する際の道具として使用した。

本書の読者の中には、どちらにしても戦闘を正当化する思想は、キリスト教的というよりも戦うヒーローを求めるアメリカ的なものではないかと思う人もいるかもしれない。では日本のキリスト教徒が過激な思想を持つ例にはどのようなものがあるだろうか。

3 「おうい雲よ」の山村暮鳥も——伏字にされた児童文学

リコンストラクション神学者の中でも前述のゲイリー・ノースは、医師殺害をアナーキズムとして否定した。ひるがえって日本にはアナーキーな革命を子ども向けの童話という媒体を用いて描いたクリスチャンがいる。国語教科書にもよく掲載される、「おうい雲よ」の詩で知られる山村《やまむら》暮鳥《ぼちょう》（一八八四〜一九二四）である。あののんびりとした詩を作った暮鳥がそのような童話を書いていたとは驚きだ。実際、その童話は当局から危険視されうるもので、一部伏字にされた状態で出版された。表現の自由が制限されていた時代に、子ども向けに革命を説いたのである。

二〇〇一年同時多発テロ、それに続いてアメリカによるアフガン報復攻撃・イラク戦争が報道されるなか、日本国内で急増した言説に、「一神教は独善的・排他的だからテロや戦争を起こす。それとは対照的に、多神教は寛容で安全だ」というものがあった。しかし、同じ日本でも戦前に「キリスト教は怖い」といわれた時の、その危険性・過激性の理解はやや異なるものだった。当時は日本も戦争に積極的に関わっていたから、キリスト教が危険なのは戦争を起こすからではなく、むしろ日本の戦力を弱めるからだった。言うまでもなく、クリスチャンは天皇の上にキリスト教の神を置き、崇拝するとして警戒されたのである。とはいえ、内村《うちむら》鑑三《かんぞう》が教育勅語奉読式中に最敬礼を行わなかったことが問題化したのは、当時の暮鳥から見ればしばらく前の明治二四年（一八九一年）である。暮鳥は何をどう表現し、問題になったのか。

山村暮鳥

その童話のタイトルは『鉄の靴』という。童話雑誌『赤い鳥』に続く児童雑誌の一つ、『おとぎの世界』に大正九年から一二年（一九二〇〜二三年）にかけて連載された。暮鳥は三〇代後半で、結核を患い、経済的にも困窮しながらの執筆だった。まずあらすじを紹介したいところなのだが、場面が終始ころころ変わり、展開に脈絡がないので非常にまとめにくい。西洋中世風の設定で、魔法の鉄の靴と杖を手に入れた少年が冒険し、暴君の王や優しく賢い王女が出てくるのだが、主題はキリスト教思想である。「心の清いものはさいわいである」「正直に生きようとする人間は多くのくるしみを受ける。それは、それほど人間が悪くなっているからだ」「善いことや正しいことにおいては、決して臆病《おくびょう》であってはならない」といった言葉によってキリスト教の精神が表現されている。

そこで、前後の話は省略し、雑誌掲載時に消された箇所だけを抜き出していこう。まず「流罪」という章にある、次の文章である。

> 少年は〔彼を流刑先に送る船の船頭に〕深切《ママ》な、その父の王様とはおしろいとインキほどちがっている王女のことをはなしました。（山村　一九八二、六八）

童話で主人公が島流しというのはずいぶん過激だと現代の読者は思うかもしれないが、出版当時は問題はそこではなかった。「おしろいとインキほど」という表現で王を貶めた、不敬であるとされたのである。

「鴛鴦《おしどり》」の章では、(主人公の少年ではなく)隣国の王子と結婚した王女が、国王から王位を譲り受ける際、その王位を「棄てたい」と王に告げるくだりがある。

(王)それで国家をどうするつもりか

(王女)国家は、王がなくとも存在できます……〔統治というものは〕凡て外部からのことではいけない。人間は銘銘、その内から起ったところの覚醒《めざめ》た意志で自分自分を治めてゆくべきではありますまいか。つまり各自の王になることです

(王)ふむ

(王女)と同時にそこには何の階級もない、そしてひとびとは平等一のみんな兄弟姉妹だということです(二六六―二六七)

これはつまり、国王は必要ないという主張であるため、この中の「覚醒た意志」「王」「階級」「平等」という単語が伏せられた。

これに続く章は「ゆ、う、と、ぴ、あ」というタイトルで、まず王女が王位を廃すという公布を出す。そして、王家の財産を全て国民に分け与えていった。

世にも名高いその壮麗なお城も、いたるところの御料地もみな国民《ひとびと》に一つの共有財産としてさげ渡されました。王様も王子もそれをよろこんでいました。（二六八）

この箇所では「共有財産」が伏せられた。

このようにして、王制を廃し、財産を共有財産化し、さらに軍隊も解散し、王子・王女を含む国民全員が農業中心に生計を立てる、全く新しい社会を創り出したというのがこの童話の結末である。しかもその指示を全て下したのは若い女性である王女だった。

武者小路実篤《むしゃのこうじさねあつ》が「新しき村」を開村したのは大正七年（一九一八年）だが、この時代はユートピア思想やコミューン運動が盛り上がっていた。暮鳥は「新しき村」運動に加わってはいなかったが、実篤ほか、この運動のメンバーは『おとぎの世界』に寄稿しており、両者の関係は近かった。

より正確には、当時の日本社会において『鉄の靴』は二重三重の過激さを持っていた。まず、非武装の平等主義・社会主義的ユートピア思想であること。そしてキリスト教自体が、単に信者の少ないマイナーな宗教というだけではなく、天皇制にとって脅威になりうるとして危険視されており、ゆえに迫害も受けたこと。さらに暮鳥は、自然のあらゆるものに神を見い出すという汎神論的思想を持っていたため、キリスト教内部でもしばしば異端視されたという。本章のキリスト教系過激思想の比較という文脈では、『鉄の靴』は非暴力による革命を描き出しているという点で特徴的である。戦争によって焼け野原となった国土を前に、王女は言葉の力で国王の改心を起こし、権力を移譲させ、さらにその権力を放棄した。

もちろんフィクションだから非暴力の革命が見事に成功したというところはあるだろう。暮鳥と同時代の日本人では仏教徒にむしろ暴力的革命思想を掲げ、運動に至った人たちがいた。仏教系過激思想に話を移していこう。

第3章　善悪二元論ではないのに——仏教系過激思想

二〇〇一年アメリカ同時多発テロ事件以降、日本では、（唯）一神教は善悪二元論をとり、自らを絶対善に同一化するため、テロや戦争を起こすのだという宗教論が——それ以前にも存在しなかったわけではないが——一気に広がった。その対極に置かれたのが、日本の多神教や仏教だった。一神教が排他的なのに対して多神教は寛容だ、仏教は善悪二元論ではないからやはり寛容だ、それが日本の伝統だという説である。いや、日本だけでなく欧米諸国でも、「仏教は非暴力の宗教」というイメージは一般的なものである。

しかし日本の仏教にも暴力的という意味で過激であると周囲からみなされた人たちは存在してきた。戦後のユニークな例としては、一九七〇年に結成された「公害企業主呪殺祈禱僧団」という団体がある。当時大きな社会問題になっていた公害をどうにかしようと、原因となる工場の企業主を密教呪法によって呪殺することを公然と試みたのである。真言宗・日蓮宗の僧侶や在俗の同志一〇名ほどの集団で、僧侶の装束で全国の主だった加害企業・工場を行脚して回った。

環境運動などの社会運動に積極的に参加する仏教者を、最近の宗教研究では「社会貢献仏教（Engaged Buddhism）」「公共宗教」などと呼んでいる。反・公害運動であるこの集団は、その先駆的形態ともいえるが、手段は過激である。知られている限り成功はしなかった、つまり呪いによって実際に殺害された企業主はいなかったのだが。この団体は、二〇一五年に「呪殺祈禱僧団四十七士（JKS47）」として再結成された。この時は福島原発再稼働と安全保障法制に反対し、経産省前で呪殺祈禱会を行った。

JKS47というネーミングといい、これはユーモアではないのか、公害や原発に反対する気持ちは真摯だったとしても、本当に企業主や大臣を呪い殺せるとは思っていなかったのではないか、という疑問を持つ人も多いかもしれない。そこのところは本人たちに聞いてみなければわからない。しかし、戦前には暴力を実力行使に移した仏教者たちも存在した。しかも彼らは若者を多数巻き込むムーブメントを作り出したのである。

1　井上日召『一人一殺』――戦前の若者を魅了した日蓮主義

戦前の代表的テロ事件とされる、昭和七年（一九三二年）の血盟団事件の首謀者は、日蓮宗在俗の僧侶（愛称は「和尚」だったが、正式に得度してはいなかった）の井上日召《いのうえにっしょう》（一八八六～一九六七）である。血盟団は井上が率いた右翼（と当時も今も呼ばれる）団体である。（彼らから見れば）腐敗した政治家や財閥を倒し、天皇を中心とした「昭和維新」を実現するために一連の暗殺を計画したのである。実際に井上準之助《いのうえじゅんのすけ》前蔵相、三井合名会社理事長團琢磨《だんたくま》を暗殺、ほかに犬養毅《いぬかいつよし》首相などの暗殺も企てていた。血盟団という名称は、事件後に付けられた他称だが、「決死の血盟をもって一人が一人たおすという男子の約束をもって決行された」（井上一九七二、二九一）事件として知られる。実に彼らのモットーは「一人一殺《いちにんいっさつ》」だったわけで、そこだけ切り取れば、前章までに見てきたイスラムやキリスト教の過激派もかすむほどにストレートに暴力的である。

井上日召

井上の思想は、日蓮主義という仏教思想として位置づけられている。日蓮は、浄土宗などのほかの仏教宗派を猛批判して『法華経』を絶対視し、現世において理想社会の建設を目ざしたために、無我・遁世《とんせい》という一般的な仏教像とは対極的ともいえる独特な宗派である。しかし日蓮本人も、その後の日蓮宗の僧侶・信者たちも、武装蜂起による革命に至ったことはなかった。不受不施派《ふじゅふせは》という、日蓮宗（法華経）の信者以外には布施を受けず、施さないという極端な潔癖主義の分派は生まれたが（この派については第5章でまた取りあげる）、武力行使を正面から肯定することはなかった。それに対して、近代、すなわち明治期に形成された日蓮主義には、正義の実現のためには自他の命を犠牲にしてもやむを得ないという考え方がある。井上はその急先鋒となった。

近年の研究では、日蓮主義は次のように定義づけられている。

第二次世界大戦前の日本において、『法華経』にもとづく仏教的な政教一致（法国冥合・王仏冥合や立正安国）による日本統合（一国同帰）と世界統一（一天四海皆帰妙法）の実現による理想世界（仏国土）の達成をめざして、社会的・政治的な志向性をもって展開された仏教系宗教運動（大谷　二〇一九、一六）

日蓮主義は田中智学《たなかちがく》（一八六一〜一九三九）を祖とする（解釈が一般的だ）。信仰の純粋性にこだわるため、「プロテスタント的」と形容されることがあるが（大谷　二〇一九、五五）、そのような特徴はキリスト教から直接の影響によるものというよりも、多くの宗教が近代化の過程で帯びがちなものである。第1章のクトゥブたちイスラム主義者も然り。民間信仰的な慣習的仏教からは距離をとり、信仰に〝頭から入り〟かつ社会変革を志向するという共通の特徴がある。クトゥブたちが神の法にのみ従う新たな国家建設を目ざしたように、日蓮主義は仏教精神による国家革新を試みた。それを一気に行うために武力に訴えたのである。

戦後の日本では、学生や知識人に人気がある仏教者はもっぱら親鸞《しんらん》と道元《どうげん》であり、日蓮や法華経信仰は創価学会《そうかがっかい》や立正佼成会《りっしょうこうせいかい》など新宗教教団とのつながりが強い。しかしこれは、戦前に日蓮主義が国家主義的右翼団体と結びついた経緯から、戦後は知識人が日蓮から離れたということが少なからずあると考えられる。逆にいえば、戦前の日蓮主義は知識人・若者に対する影響力が非常に大きかった。大ざっぱな言い方だが、明治維新が神道による国家改造であったのに対し、それにより築かれた体制が限界に達したと思われたところで、日蓮主義による「昭和維新」のヴィジョンが若者たちを惹きつけたのである。経済的不況による格差の拡大、庶民の生活苦、既成政党の無策ぶりを目の当たりにし、煩悶《はんもん》する若者たちが選んだ一つの道であった。

「一人一殺」の過激度

とはいえ、日蓮主義としてくくられる人たちも実際には多様だった。井上も、自分は必ずしも日蓮主義ではなく、大きく大乗仏教と見てもらう方がよいともいっている（井上 一九七二、二七一）。よって、井上がどのようにしてテロを起こすに至り、その行為と日蓮や仏教思想をどのように結びつけていたかは、やはり彼が書き残したものから見ていく必要がある。

彼の自伝『一人一殺』を参照しよう。これは「生来一度もまとまったものを書いたことのない」（井上 一九七二、一）という井上が、戦後間もなく、彼に関心を持つ者たちから乞われて書いた『日召自伝』がもとになっている。もちろん誰の自伝であっても「事実そのまま」ではなく、自伝執筆時の自己理解を過去に投影した再構成ではある。だが、執筆時点でも井上は血盟団事件を悔いていたわけではないため、彼が暴力肯定と仏教思想をどうつなげたかを知るには大きな手がかりとなる資料である。

まず重要なのは、事件当時の社会状況では、テロやクーデターを肯定する考えはきわめて特異な思想を持った少数派に限定されるものというわけではなかったことだ。象徴的なのは医者だった井上の父親の次の言葉である。

そういう国賊共を叩き斬る者はおらんのか。今時の若い者は、何を考えているのか！（一九六）

これは、血盟団事件を決行する前、父親がこれをどう思うか、嘆き悲しませることになるのだろうかと気にかかり、探りを入れたときの返答だという。すなわち、父親に向かって、宮内庁大官、政党、財閥、特権階級などの腐敗と堕落を大いに力説したところ、以前から忠君愛国の念が非常に強かった父親は、公憤の情を禁じえない様子でそう返したというのである。井上は内心で「しめた！」と思い、心おきなく要人暗殺計画を実行に移した。もちろんこの時父親は、井上が「叩き斬」ろうとしているとは知らなかったのだが、事件後も井上を「よくやった」と支え続けた。

父親は日蓮主義者ではなかったため、日蓮主義を抜きにしても、政治家や財閥に対する庶民の怒りは武力革命を肯定するところまで達しつつあったことが窺える。事件が社会を震撼させたことは言うまでもないが。しかし、今から見るとわかりにくいかもしれないのは、父親も井上もあくまで天皇制は維持し、天皇の下で国民がみな平等である社会を、中間の特権階級を取り除くことで作り出そうとしたところであろう。さらに井上においてはその天皇中心の理想社会と仏教が直結している。いかにしてそのような思想が形成されたのか。

「一人一殺」に至るまで

井上は明治一九年に群馬県利根郡の貧しい農村で、医者の家の四番目の子どもとして生まれた。井上の世代には成長するにつれ「煩悶青年」と呼ばれる若者たちが出現した。自分が生きる意味は何なのかを病的なまでに問い、悩む者たちで、華厳《けごん》の滝で投身自殺した旧制一高生藤村操《ふじむらみさお》に象徴される。井上もその一人に入れられることが多いが、彼の煩悶ぶりは半端ではない。自伝の中でも話を〝盛り〟やすいところかもしれないが、煩悶、井上の言葉では「懐疑」は七歳の時から始まった。同じ地面に咲きながら、桔梗《ききょう》は紫色、女郎花《おみなえし》は黄色いのはなぜかという疑問をふと抱いたが、大人たちは答えてくれず、相手にしてくれない。人間はどこから生まれてどこに行くのかといった疑問についても同様で、わからないことが増えるばかりだった。

なかでも井上を悩ませたのは、善悪は何によって決まるのかだった。井上は評判の悪ガキだったが、自分が面白いと思ってやることは全て、大人は悪いことだといい、やらせまいとするのはなぜかがわからなかった。一七歳のとき、これについてキリスト教の牧師に質問したところ、聖書を読み、神を信じるしか道はないといわれたので入信する。しかし、善悪の基準であるはずの神を「直観・認識する」ことができず、迷い続け、教会から離れていった。

中学を出るころから、何もかもわからなくなり、悩む力もなくなっていった。生きていても意味はない、と自殺する決意をしたという。

生きて何らの意義を発揮しないよりは、むしろ死んで一人の厄介者を清算した方が、世の中のためになる（四三）

死を覚悟したためにかえって活動的になり、満州にわたって革命運動に身を投じ、機会をねらって船から投身自殺を図るがこれは周りから阻まれた。その頃出会った禅宗の東祖心和尚に、座禅をしたので自分は疑問が解けたと聞き、禅の修行に励むようになる。

三五歳の頃、故郷に戻り、長年の疑問を本当に解決しようと三徳庵にこもる。題目（南無妙法蓮華経）を唱える行に打ち込むうちに、幻覚幻聴体験を持つようになり、さらに別人格ができ、その別人格は動物や植物・石とも意思を通じ合うようになり、病気を治したり予知もできるようになったという（本当にそんなことができたのかについてはここでは問わず、井上がそういった体験を後からどう説明し意味づけたかに注目していこう）。

その果てに、大正一三年、悟りを開いたという。

堂に入ってお題目を唱えていると、突然、薄紫の天地を貫くような光明が、東の方からパッと通り過ぎた！　すると、なんだかひとりでに立ち上りたい気持になって、あたりを見渡すと、目につくものが、なにもかも天地万物がことごとく一大歓喜している。しかも、そのまま私自身なのだ、という感じがする。

宇宙大自然は私自身だ、という一如の感じがする。

『天地は一体である』『万物は同根である』という感じがひしひしと身に迫る。

――かつて覚えたこともない異様な神秘な心境である！（一四〇）

そしてこの境地に照らしながら自分の三〇年来の疑問を考えてみたところ、全てたちどころに氷解していった。宇宙は一元である。ということは、善悪は本来分かれていない。人間の思惟・行動が、宇宙一元の真理に順応した場合に善となり、それに背反するならば悪となる。人間関係であれば、自他一如の境地に立って考え、行うことが善、そうでないなら悪となる。また、宇宙は一元だが、万物はおのおの使命を異にするために、桔梗は紫色、女郎花は黄色といったさまざまな現れ方をする。使命を終えれば土に帰し、一元に戻る。あらゆるものは平等の本質を持ち、その現れ方において違い（井上の言葉では「差別」）が生じる。本来同じ本質を持つために、人と動物・草木は意思を通じ合えるのだ、というのが悟りの内容だった。

興味深いのは、井上がこのような体験をしたのは、当時流行りの日蓮主義に影響を受け、修行をした結果だとは書かれていないところである。満州では座禅修行をしていたが、故郷ではいきなり題目修行に変わっており、法華経に関心がなかったわけではない。だが、悟った後に法華経を読んでみたら初めてよく理解できた、自分が悟ったことと同じことが「十如是《じゅうにょぜ》」「十界互具《じっかいごぐ》」といった言葉で説かれていたとわかったという順序であり、田中智学の書や思想を知るのはさらに後であった。

したがって悟りの後に国家革新へと向かったのも、日蓮主義の直接的影響によるものではなく、独自の召命体験が先だったというのが本人の理解である。ある日三徳庵で日向ぼっこをしていたら「立ち上れ！」「お前は救世主だ。一切衆生のために立ち上れ！」という天の声がしたというのである。最初は自分にそんな大それたことはできないと渋ったが、ついに人々に対してご奉公しなくてはという気持ちになり、さらにお告げを受けて東京に向かった。

そこで近所の人から田中智学の『日蓮上人の教義』をもらい、日蓮主義、いやそれ以前に日蓮について初めて知ることになる。自伝の記述はその後も、誰それの思想から影響を受けたというよりも、自分の思想がいかにほかの運動家と違うかという点にこだわりが見られる。つまり、悟りを開いて自他一如の境地を得たはずなのだが、相当に「我」の強い、プライドの高い人なのである。何しろ、『日蓮上人の教義』を読んで、「私は初めて日蓮上人の偉大さを知り得て感嘆した」と書きつつも、同じ段落で「その書物は日蓮上人の教義という本でありながら、私の境涯そのままが書かれて、あますところがない」から驚いた、とも書いているのである。

身も蓋もない言い方をすれば、自慢話の連続なのだが（ただし嫌味なほどではない）、しかし善悪は本来一如である、と善悪の区分を相対化しながらも、それでも悪者たちを「叩き斬る」ことを良しとするロジックになるのはなぜかを突き止めるには手がかりになるため、まとめてみよう。

井上の思想の特徴――「宇宙一元」の真理観＋国体論＋平和主義？

まず、田中智学については、講習に出席するものの、理論倒れなのが気に入らず、一週間しか続かなかった。

続いて、当時、社会主義の対抗イデオロギーだった国粋主義的な日本主義の著名人を訪ねるが、これはという人に会えなかったという。たとえば大川周明《おおかわしゅうめい》（一八八六～一九五七）は白人を追放してアジア人を解放するという「差別対立観」をとっており、井上の宇宙一元の平等観に立った国家革新思想とは異なっていた。赤尾敏《あかおびん》（一八九九～一九九〇）が立ち上げた建国会には加わった。その「会員はいずれも左翼を打ち倒し、既成腐敗政治を打破して、日本の革新をなしとげよう、という熱烈な希望」を持っており、それには賛同するが、しかし間もなく幹部に失望し、脱会する。

確かに井上も、社会に広がる共産主義の影響（〝赤化〟）を脅威と受け止めていた。共産主義は天皇制を否定するし、昭和初期のエログロナンセンス的な頽廃的な風潮を作り出したとして非難していた。だが、彼は自分を「右翼」とも思っていなかった。というのも

たまたま支配階級の不義に慨し、これを打倒せん意気に燃えて立った左翼ならびに右翼の主義主張も、私の眼から見るときは、支配階級と同じ差別対立の思想に立ち、真に国民救済・国家革新の指導原理たるの資格なきものであった。私は、ゆえにボルシェビズムにもファシズムにもいずれの方にも同調しなかった。人はいかに見るとも、私は自分が悟り得た宇宙の真理に立っていた。つまり、独自のものを信奉していたのである。
（一七九）

すなわち、左翼も右翼も、対抗勢力を排除し、自分がのし上がろうとする限りにおいて、私利私欲にしか目がない政党、財閥、特権階級と変わらない。

要するに、日本の国家社会はすべてにおいて紛糾・混乱・腐乱・堕落していたのである。一君万民共存共栄の国体の精華はどこの隅にも見られない。まことの国日本は、全くうその国日本に成り下っていた。これを改革するには、容易ならぬ決意と実行とが必要である。「改革」なんていう生やさしいものではない。「革命」とでも言わねば、その気分を十分に表現できぬほどの大改革が必要だ。（一七九）

みなが平等になり、一つにならなければならない。それを妨げる者たちを取り除くのが革命であるという論理である。しかも合法的な手段による改革では遅すぎる、それほど状況は悪化しているととらえ、非合法的な手段、すなわちテロへと舵を切っていったのである。

だがその平等社会はなぜ「一君万民共存共栄の国体」、すなわち天皇を必要とするのか。実はこれについては『一人一殺』に十分な説明はない。父親が熱烈な天皇主義者であったため、その影響を受けた可能性はあった。ところが、この書では井上は父親のことを「忠君愛国にこり固まった人」と突き放した調子で繰り返し形容し、しかも青年期には、忠君愛国は「ばかばかしい」と思っていた、というのも生きる意味も善悪の基準もわからなかったため、天皇に生命を捧げることにも意味はなく、愛国を善いとすることもできなかったからだとさえ述べている（二九）。では、悟りを開いてそれらの疑問が解消してから、天皇に忠誠を尽くすことができるようになったのかというと、そのような記述はない。途中からいきなり、「一君万民共存共栄の国体」を守ることが、当たり前のように彼の至上の目的となったのである。

しかし、この国体論への接続は、むしろ「いきなり」しかありえなかったのかもしれない。というのも、自分の思い描く理想社会が唯一最善のものというには、（通常の）論理を超えた超越的な根拠づけが必要になる。クトゥブにおいては、それは、人間が作った法ではなく神が作った法だから正しいという信仰だった。井上の場合は、「君」が人間ではなく現人神《あらひとがみ》だからというのがそれに当たる。論理的に証明・説明して同意を得るようなプロセスではないのである。

現人神って、それでなぜ仏教者なのか？　という人もいそうだが、井上は、「阿弥陀様は、天皇です」（二一七）などと述べているように、その間に何も矛盾を感じなかった。これは戦前の仏教界においては井上に限ったことでは全くなかったが、井上も、天皇は親で、国民は子どもだという国体観を自明視していた。歴史の初めから天皇と国民は一体だった。ただおのおの使命を異にするため、天皇は「中心」で、ほかは「分派」という関係にあるだけだ。天皇は自然に国民から長として仰がれたのだ、と述べている。

「一君万民共存共栄の国体」という考えは、当時決して特異なものではなかったから、井上も説明の必要を感じなかったということもあろう。ほかの「右翼」ないし日本主義者・国体主義者も、理想社会を語らせればそれに類するものになった。そこで井上は、そのようなほかの活動家は、自ら権力を掌握するために天皇を利用しているのであり、真に「一君万民共存共栄の国体」を目ざしているわけではないと批判した。一例を挙げれば、井上がまず加担したクーデター計画は、大川周明、橋本欣五郎《はしもときんごろう》大佐を中心に、軍事内閣を作るというものだったが、内容には密かに不満を持っていた。というのも、その思想は前述のように「差別観に立つ対立闘争主義」であり、また、「全く天皇の大御心を無視した行為であって、御詔勅のごときも、すでに大川の手に成れる草案を天皇に強要して発布する、という暴挙を企てている」（一八六）ため、クーデターが成功すれば、御前会議の席上で、首謀者たちを自分の手で斬殺しようと思っていたと述べている（実際にはこのクーデターは未遂に終わった）。

井上のもう一つの特徴は、平和主義者を自認していることである。大川のような右翼、また左翼も「差別観に立つ対立闘争主義」であるのに対し、自分は「一体観に立つ平和主義」（一八六）を奉じているとした。中国との戦争より、東洋の安定平和を求めたという。日本のラディカルな革新を目ざしたが、日本が世界を支配するべきだと、あるいは田中智学などの代表的な日蓮主義者のように、日蓮主義・法華経を全人類に受け入れさせ、統一することがよいと思っていたわけではない。（後述のように）ほかの日蓮主義者にはまた、理想社会の到来は世界大戦争を伴うという終末論的ヴィジョンが吸引力を持つ場合もあったが、それについても『一人一殺』には言及がない。

「一人一殺」を説くテロリストが平和主義だというのは矛盾でしかないように見えるが、井上にしてみれば、暗殺は平和をもたらすための必要悪であり、「一人多殺」ではない、すなわち民間人を巻き込まないという点では「一人一殺」は一種の正戦論（序章参照）でもあったのだ。井上は自分たちのテロ行為を「一殺多生」と主張した。大勢を生かすという理由で一人の悪人の殺害を正当化したのだ。

井上にとって血盟団事件は宗教的な行為だったか

以上のまとめとして、井上にとって血盟団事件はどのような点で宗教的な行為だったかを改めて考察してみたい。近年の代表的な日蓮主義研究によれば、それは「動機」においては明白に宗教的だった。根拠として挙げられているのは、事件の公判記録で井上が暗殺行為を「折伏《しゃくぶく》」という日蓮宗の概念と同一視し、そうすることによってテロを正当化したことである。すなわち、支配階級を殺害することは「不動明王が降魔の剣を振ふ」のと同じであり、それは「大慈悲心」だと検事に対して述べたという記録がある（大谷　二〇一九、四四八）。

さらに、血盟団の青年たちは、ある不思議な体験を通して自分たちが天命を受けているという意識を強く持ったという。井上は一時期、茨城県の（立正）護国堂で、青年たちに仏教の修行を指導するのだが、ある日、求められて彼らに居士号を授与することになった。彼が日蓮の『開目抄』の「我れ日本の柱とならむ、我れ日本の眼目とならむ、我れ日本の大船とならむ等とちかいし願、やぶるべからず」の箇所を読んだ瞬間、大きな地震が起きた。この時青年たちは、「ああ地震だ、俺達は地涌《じゆ》の菩薩《ぼさつ》だ」と感慨を持って語り合った（大谷 二〇一九、四四二―四四三）。

「地涌の菩薩」とは日蓮、さらに『法華経』に由来する概念である。

地涌の菩薩とは『法華経』従地涌出品第十五に登場する諸菩薩である。釈迦如来が説法をしていた際に大地が震裂《しんれつ》して、無数の菩薩が地面から湧き出てくるシーンがある。これらの菩薩のことを「地涌の菩薩」と総称し、その代表が上行菩薩・無辺行菩薩・浄行菩薩・安立行菩薩の四菩薩である。『法華経』に説かれる久遠の釈迦は、はるか過去世から衆生を救済してきた永遠の生命をもつ存在で、この久遠の釈迦の弟子たちが地涌の菩薩である。

日蓮はみずからを末法の世に現出した上行菩薩になぞらえていた。日蓮の弟子たちは末法の衆生救済を担う上行菩薩の眷族《けんぞく》(地涌の菩薩)として、『法華経』の弘通《ぐづう》に励むことになる。そうした特権的役割を担ったアクターが、地涌の菩薩なのである。(大谷二〇一九、一四四―一四五)

この日蓮の終末論を、田中智学、石原莞爾《いしはらかんじ》といった日蓮主義者たちは、同時代の戦争に重ね合わせて意味づけていった。血盟団の青年たちも、自分たちの国家革新をこの文脈で理解したことになる。暗殺を実行した一人は、その時着ていたシャツの背中に「南無妙法蓮華経」と墨書していたという。

ところが、である。『一人一殺』の読者の印象は、必ずしもこの解釈とは一致しないかもしれない。というのも、この自伝では、暗殺行為は折伏であると述べている箇所はなく、護国堂でのこの出来事に一言も言及していないのである。確かに、『一人一殺』では、自分が理想とする社会は宗教的悟りの体験によって得られた「宇宙一元の真理」に則った社会であると繰り返し語られているので、井上は宗教的な思想家だという印象は受ける。だが、暗殺、ないしテロ行為自体を仏教の概念によって説明し、正当化してはいない。先にも触れたが、なぜテロという非合法的な手段をとることにしたかについては、合法的な方法では埒《らち》が明かないからだという説明しかない。その箇所を抜粋すれば非常の時には非常の手段を要する。国を生かすことが肝心であって、手段方法の論議は二の次、三の次である。支配階級が自己擁護のために利用している法律に、支配階級を打倒しようという側の者が拘泥《こうでい》して合法非合法の理屈をこねているのは、愚の骨頂というものだ。私も最初は一般的な先入観念に支配されて、合法的改革を考えていたが、だんだんと国家実状のあまりの窮迫を直視するに及んでは、とてもそんな悠長なことをしていられない、と決意するにいたった。――もちろん、現行法を犯すことに対する責任はとる覚悟であった。（井上 一九七二、一七九―一八〇）

というように、宗教色のない世俗的な説明である。血盟団事件について取り調べを受ける際に、検事正から「日蓮聖人の御遺文に「王法もまた法なるべし」とあったね」と、つまり日蓮は王法に従うべきと説き、非合法的行為を否定したではないかと、「国法を犯せばすなわち仏法の罪人である」（二〇一）と言われたことについて、いや、「私は、もちろん仏法の罪人ではない。否、仏法の罪人を撃ったのである」（二〇二）と述懐しているため、自分の行為は常に仏法に従っていると思ってはいたようだが。印象的な、天からお告げを受けるシーンも、メッセージは「救世主として立ち上がれ」であり、誰それを「殺害せよ」ではなかった。

極めつけは、「一人一殺」と並んで井上を有名にした「一殺多生」の概念はもとは仏教語なのだが、『一人一殺』ではこれについて何も言及がないのである。「一殺多生」の出典は、直接的には大乗仏典の『瑜伽師地論《ゆがしじろん》』である。菩薩が大盗賊を殺害するのだが、その理由は、その盗賊の犠牲になる可能性がある多くの人を救うだけでなく、盗賊が殺人を行うことで地獄に堕ちることがないよう、自分が代わりに地獄に堕ちようとする、慈悲の行為でもあるというものだった。言葉だけでなく、この考え方が『一人一殺』には現れない。

といったことを総合的に考慮すると、井上は『一人一殺』ではテロ行為と仏教思想の関係づけをある程度意識的にトーンダウンしたのではないかと推測できる。だとしたらそれはなぜか。戦前から戦中の日本の仏教界のほとんどの宗派は、日本の軍事政策を支持し、教義的正当化を行った。戦後はそのような戦争協力に対する反省が起こった。ということは、殺人行為自体を仏教的に正当化するロジックは、戦争を仏教的に正当化するロジックと区別することが難しい。仏教者が殺人を肯定するなんて、という非難は、戦後は血盟団事件だけに向けられるものでは全くなくなったのである。井上が『一人一殺』において、自分は平和主義だったということを強調しているのも、戦後の状況の変化に合わせての自己弁護という面は否めないだろう。つまり、戦後の日本では、暗殺は折伏だとか、慈悲の行為だといった言い方が急速に説得力を失っていったのではないか。尖った独自性・オリジナリティにこだわる井上も、読者の共感はどこかで求めていたのかもしれない。

現在の私たちの多くにとってはおそらく違和感が大いにある、仏教の教義による殺害行為の正当化は、しかし今も消滅したわけではない。意外にも、非暴力のイメージが強いチベット仏教にその例を見ることができる。

2 急増するチベット仏教僧の焼身・抗議運動

チベット仏教といえばダライ・ラマ一四世、ダライ・ラマ一四世といえば非暴力主義、というように、ノーベル平和賞受賞以降、チベット仏教と非暴力という概念は強く結びついている。そのチベットの僧侶や仏教徒の間で一〇年ほど前から、焼身による抗議運動が広がっていることはそれほど知られていない。日本語では「焼身自殺」と呼ばれるのが普通だが、英語では「自殺」という言葉を避け、〝self-immolation（自己犠牲。この「犠牲」は「生贄・供犠」の意）〟という。二〇一九年一一月までに一五六件の焼身があったと報道されている（VOA News, 11/29/2019）。多くは男性だが、女性も含まれている。

仏教僧の焼身による抗議運動といえば、ベトナム戦争中のティック・クアン・ドックによるものが有名であり、写真を見たことがある人も多いに違いない。それに対して、累計一五〇を超えるとなると、もはや一件一件が国際的に大きく取り上げられることもないが、VOAニュースによる一五六件目の報道によれば、中国の圧政に抗議し、死亡したのは東チベット（四川省）・アバ（ンガバ）県メルマ郷に住む二四歳の元仏教僧、ヨンテン。しかし、彼が所属していた僧院のスポークスパーソンは、ヨンテンの亡骸を家族が引き取ることができたのかどうかもわからないという。その地域では中国政府が携帯電話の使用禁止を含む厳しい統制を敷いているため、情報が入ってこないとのことだ。

焼身抗議者を追悼するポスター

焼身行為は、ヨンテンのような若い仏教僧から始まり、その後、在家の信者にも見られるようになった。発端は、二〇〇八年に、抗議運動が特に活発だったアバ県のキルティ僧院（格爾登寺　ゲルク派の中心的僧院）が中国政府による強い弾圧の対象になったことである。三年間で僧院の僧侶の数は約三分の一に減った。特に弾圧の対象となったのは若い僧侶で、痛めつけられるだけでなく僧院から追いやられたのだ。身も怒りも行き場がない彼らの間から、焼身という過激な方法の抗議運動が生まれた。

社会層としては教育を十分に受けていない、下層に近い中間層が中心であるという(Dodin 2014)。

これらの焼身行為に対するチベット社会の評価は割れている。英雄視する者たちもいれば、大学生の活動家の中には、自分たちのデモによる抗議運動を封じ込める口実に中国政府が焼身事件を利用するのではないかと心配している者もいるとのことだ。しかし、表立って焼身行為を否定するチベット人は(ほとんど)おらず、感情としては深く共感しているのだという(Dodin 2014)。

それに対し、中国政府、あるいは一般的な中国人の見方は、チベット人は非理性的・粗野であり、チベット仏教はカルト教団に等しく、ダライ・ラマは青年僧をたぶらかす危険な教祖だというものだとされている。そして政府の対応はさらなる監視、さらなる抑圧しかなされていない。集団による活動は困難になる一方であるため、個人で決行できる焼身しか、実際のところ抗議運動の方法が残っていないという分析すらある(カリコ 二〇一七)。

仏教は焼身行為を正当化するのか

こう聞くと、これらチベットの青年僧と、自爆テロを決行するパレスチナの若いムスリムたちの姿が重なるかもしれない。だが、両者の間には大きな違いがある。もちろん攻撃の対象が自分か敵かという点は明白な違いだが、チベットの方はイスラムやキリスト教でいうところの「殉教」ではないというのも大きな特徴である。宗教的信仰による自己犠牲と殉教は、厳密には異なる。というのも、チベット学者ティエリー・ドダンの言葉を借りれば

> 殉教者は苦しむ。殉教では、苦しむという点が強調される。彼は神の計画を成就するために苦しむ。神の見えざる手の道具になる。あるいは、自分の神を拒否しないことにより、もっとも恐ろしい拷問を甘受する。神が与える試練を受け入れる。語源的には、殉教者とは自分の神、真の神に対して証を立てる者のことである。(Dodin 2014)

ピンと来ない場合は、チベットの僧侶が自己犠牲のモデルとしてよく言及するという、日本でもよく知られる「捨身飼虎《しゃしんしこ》」のジャータカ（ブッダの前世譚）を思い出すとわかりやすくなるかもしれない。釈迦の前世である王子が、飢えた母虎とその七匹の子虎のために、その身を与え、虎たちの命を救ったという話である。あるいは今昔物語の「月の兎」でもよい。老人（実は帝釈天）に食べてもらおうと火の中に身を投じるけなげな兎の話だ。これらが「殉教」かと問われると、いや、確かにちょっと違うと気づくのではないだろうか。

殉教ではないとしたら、では「捨身飼虎」や「月の兎」は何なのか。慈悲行の実践である。

これが純粋な政治的抗議運動とも異なる点である。イデオロギーに身を捧げる、ましてや過激なパフォーマンスにより死して民族のヒーローになることを目ざしているのではなく、利他の気持ちから行われる場合に、自己犠牲は仏教において許容される。

実際に現代のチベット仏教において、焼身行為はどのようにとらえられているのか。現地での聞き取り調査の結果を含む最近の研究（Vehaba 2019; Okada 2017）を参照しながら見てみよう。

よく知られているように、不殺生戒は仏教の基本、五戒の第一の戒である。生物を殺害することは最大の罪なのである。自殺については、日本では現在、研究者の間ではこれを禁じる仏教の戒律はなく、教義上もそれを悪いとする解釈も成り立たないという説が有力である。しかし日本の僧侶たちは、仏教は命を大事にする教えであり、自殺は許されないと説くことが多いようだ。チベットでも、自殺は罪業であるという解釈が一般的である。自殺を行ったものは、その後一〇〇〇回もの転生の間、人間に生まれ変わることができないとされている（Vehaba 2019, 233; 岡田　二〇一六、一三〇）。

では、ダライ・ラマを含むチベット仏教界は焼身行為を否定・批判しているのか。結論からいえば、最近の抗議の焼身については、推奨はしていないが、はっきりと否定もしていない。そして一般論として、加害的行為は、慈悲の心・動機をもってすれば、自分に対してであろうと他人に対してであろうと「暴力」に該当しないという考え方が共有されている。焼身行為を、不殺生戒に反するからチベット仏教においても大罪になると糾弾しているのは、中国政府と中国人の仏教学者だという（Vehaba 2019, 218）。

まず、焼身行為を行った当人たちはそれを仏教の教義と結びつけていたかを確認しよう。当然ながらさまざまな個人的事情もあるだろうし、事前に何らかのメッセージを表明した者はごく少数だが、一六人目の焼身者である僧侶、ラマ・ソパは次の言葉を残している。

> 私は暗闇を追い払う光の供物〔チベット仏教のバターランプ〔灯明〕を指すと考えられる〕として私の体を捧げます。全ての生きとし生けるもの――それぞれ前世において私たちの母であったが無知のために悪業をなしたものたち――を苦しみから解放し、無限の光の仏である阿弥陀仏へと連れて行きます。私の光の供物は、虱《しらみ》や蚤《のみ》を含む全ての生きとし生けるものが、痛みから解放され、悟りに向かえるようにするためのものです。私はこの供犠を、私たちの大もとのグルであるダライ・ラマや他の霊的な指導者、ラマたちへの、長く続く捧げものとして行います。（Soepa 2012）

このように、この僧侶は明確に焼身行為を、他人の苦しみを取り除くための慈悲行として意味づけている。さらに、「捨身飼虎」に言及しながら次のように述べている。

私がこの行為をとるのは、自分のためでもなければ、個人的欲望を満たしたり名誉を獲得したりするためでもありません。仏陀が勇敢にも自分の体を空腹の母虎に差し出したように（それによって母虎が小虎を食べるのを防いだように）、私も固い信念と純粋な心で自分の身体を犠牲にするのです。［これまで焼身によって死亡した］全てのチベット人の英雄たちも、同じような考えにより自分の命を犠牲にしました。しかし、実際には、彼らには最期に怒りの気持ちが生じていたかもしれません。ですから、彼らの魂を悟りへの道に導けるよう、彼らが皆、悟りに到達できるよう、祈りを捧げます。(Soepa 2012)

なぜ自分が死ぬことで、チベット人だけでなく全ての生物が苦しみから解放されるのか、ここだけ読んでもさっぱりわからないかもしれない。明確なのは、焼身を「捨身飼虎」になぞらえていること。そしてそのブッダの行為が善行であるのは、単に空腹の虎たちを救っただけでなく、放っておけば母虎が小虎を食べてしまっただろうから、その罪によって母虎が地獄に堕ちるのも防いだからということ。同様に、ラマ・ソパは、中国政府に対する怒りを抱いたままで焼身により死んでいった同志たち、つまり慈悲の心のみで満たされた状態で死ぬことができなかった者たちは、そのままではその行為は不殺生戒に反する悪業に該当し、来世で報いを受けてしまうため、それを止めるために何とかしようとしていることである。

つまり、生きているものを現在の苦しみから救うだけでなく、地獄に堕ちたり下の界に転生したりしないよう、罪を犯させないという二重の慈悲の行為として焼身が意味づけられている。そしてその罪とは、殺害――捨身飼虎では他者に対する危害、抗議の焼身では自分に対する危害――により生ずるものであり、それを自分の殺害――どちらも自分に対する危害――によって肩代わりするというロジックなのである。そして救う対象はチベット人に限定せず、生けるもの全てに広げる方が、慈悲の心が大きく、その分功徳も大きくなるという考え方が読み取れる。

ほかの例として、次に挙げるのは一二五人目の四一歳の僧侶が書き残したものだが、ダライ・ラマの帰還を願うとともにやはり全ての生けるもののために祈っている。

　自分の貴重な体を犠牲（生贄）にするのは、テンジン・ギャツォ（ダライ・ラマ）の故郷への帰還、パンチェン・ナンガ・タイエの刑務所からの解放、六〇〇万人のチベット人の幸福のためです。私の体は、これらのために、火中に捧げられるのです。これらの慈悲によって、祈りは、三界の全ての衆生が三毒を逃れ悟りへの道を進むよう、捧げられます。ラマと三宝に帰依します。守る者も救う者もいないものたちを、慈悲をもって見守ってください。（Gyatso 2013）

二〇代の三六人目と三七人目の若者たち（僧侶ではない）が親に送った手紙にも「私たちは冷静さを持って、自分たちに火をつけることを決意しました。チベットの自由のため、仏陀の法（ダルマ）のため、全ての衆生の幸せのため、そして世界の平和のために」とあった。若者たちもこの行為が仏教の教義に反するのではなくむしろ沿うものであると理解していることがわかる。

ダライ・ラマは、少なくとも現時点（二〇二〇年）までは、焼身行為に対する意見をはっきりと表明してはいない。つまり、自殺をやめるようにとチベット人に呼びかけてはいない。インタヴューでは、とても心配しているし、効果があるかどうかわからないと述べることもあるが（BBC 11/18/ 2011）、死者の家族に配慮してか、焼身行為を悪だということはない。それどころか、彼もまた、動機次第で焼身行為は仏教の教義に沿った善い行いになると述べている。

究極のファクターは、彼らの一人ひとりの動機です。実際、自殺は基本的にある種の暴力だといっても、それは善か悪かは動機と目的によるのです。目的については、彼らは酔っていたわけでもなく、家庭に問題を抱えていたわけでもない。その焼身の行為は、仏陀の法のために、またチベット人のためになされたのです。しかし、究極のファクターは一人ひとりの動機だと思います。動機に怒りや憎しみが入りすぎていれば、善くない行為です。動機が穏やかな慈悲心であれば、そのような行為もポジティブなものになりうるのです。これは厳密に仏教の観点から言えることです。行為が暴力的か非暴力的かは、究極的には動機次第なのです。（Times Now 3/26/2013）

同じことをダライ・ラマは、一連の焼身行為が始まる前、一九九〇年の段階でも述べていた。

非暴力と暴力には様々な種類があるが、それらを外的ファクターのみで区別することはできない。外的には優しくて穏やかな行為に見えても、動機がネガティブなものであれば、その行為は最も深い意味で暴力的である。反対に、もし動機は誠実かつポジティブなものだが、状況が過激な行動を促している場合は、その行為は本質的に非暴力的である。いかなる場合であっても、単に自分のためではなく他者の幸せのために慈悲の心

をもって行われる時のみ、武力（force）の行使は正当化されると私は考える。（Dalai Lama 1990）

ほかのチベット高僧も、動機が純粋に利他的なものであれば、自分を殺害する行為は、不殺生戒に反することにならないと述べているという（Vehaba 2019, 233）。引き合いに出されるのは、「捨身飼虎」のほか、前述の「一殺多生」説である（岡田　二〇一六、一三一）。

では、他人に危害を及ぼす場合はどうだろうか。ダライ・ラマは、悟りの境地、すなわち勝義諦《しょうぎたい》（究極の真理）においては絶対的な悪というものは存在しない、よって仏教的観点からは中国政府内の個々人を悪人として責めることはできないという（岡田　二〇一六、一二九）。だが他方、彼は、道徳的に正当化できる戦争もあるとしている。第二次世界大戦や朝鮮戦争はそうだという。ただし、ある戦争が道徳的に正しいといえるかどうかは事後的にしか判断できないため、可能な限り戦争は避けるべきだとも述べている（Dalai Lama 2015）。これらの言葉をそのまままとめれば、ダライ・ラマは、「聖戦」論者ではないが「正戦」論的考え方はとることがあるといえよう。

では、焼身行為は「ポア」と同じなのか

となると、ここで持ち出さざるを得ないのは、オウム真理教の「ポア」という殺人行為である。坂本堤《さかもとつつみ》弁護士一家の殺害も地下鉄サリン事件も、オウム真理教は「慈悲殺人」「救済殺人」としての「ポア」だと正当化した。「ポア」とは、もとはチベット仏教の言葉で「死者の魂をより高い世界へ移すこと」を指す。この語が象徴しているように教祖麻原彰晃《あさはらしょうこう》はチベット仏教の要素を多く取り入れていた。では、「ポア」の論理――論理という言葉がふさわしいかどうかは異論もあるかもしれないが――はどのようなものだったか。麻原の説法集『ヴァジラヤーナコース　教学システム教本』では次のように説明されている。

例えばここにだよ、Aさんという人がいたと。いいですか。このAさんは生まれて今まで功徳を積んでいたのでこのままだと天界へ生まれ変わりますと。いいですか。ここまでは。

じゃあ次の条件ね。ところが、このAさんには慢が生じてきて、この後、悪業を積み、そして寿命尽きるころには、地獄に落ちるほどの悪業を積んで死んでしまうだろうと。いいですか。こういう条件があったとしましょうと。

（中略）

じゃ次にだ。このAさんを、ここに成就者がいたとして、殺したと。この人はどこに生まれ変わりますか。天界へ生まれ変わる、そのとおりだね。しかし、このAさんを殺したという事実をだよ、他の人たちが見たならば、人間界の人たちが見たならばね、これは単なる殺人と。いいかな。そして、もしだよ、このときにAさんは死に、そして天界へ行き、そのときに偉大なる救世主が天界にいたと。そして、その天界にいた救世主が、その人に真理を説き明かし、永遠の不死の生命を得ることができたとしましょう、Aさんが。いいですか。

このときに殺した成就者は何のカルマを積んだことになりますか。

すべてを知っていて、生かしておくと悪業を積み地獄へ落ちてしまうと。ここで例えば、生命を絶たせた方〔が〕いいんだと考えポワさせたと。この人はいったい何のカルマを積んだことになりますか。殺生ですかと、それとも高い世界へ生まれ変わらせるための善行を積んだことになりますかと。ということになるわけだよね。でもだよ。客観的に見るならば、これは殺生です。客観というのは人間的な見方をするならば。しかし、ヴァジラヤーナの考え方が背景にあるならば、これは立派なポワです。そして、智慧ある人は――ここで大切なのは智慧なんだよ。智慧というのは――わたし先ほど何て言った？――神通力と言ったよね。智慧ある人がこの現象を見るならば、この殺された人、殺した人、共に利益を得たと見ます。OKかな、これは。ところが智慧のない人、凡夫

の状態でこれを見たならば「あの人は殺人者」と見ます。どうかな、これは。（一九八九年の説法。藤田　二〇一五、三九―四〇）

チベット仏教の焼身行為正当化ロジックとの違いとして、「成就者」は「神通力」という予知能力を持っているため、ある人がこの先悪業を積んでいくことがわかる（だからその前に現世での生を終わらせる方がよい）ということが付け加わっている。だが、人を救いたいという慈悲の動機をもってすれば、殺害行為は不殺生戒に反することにならないという理解については同じである。井上日召が暗殺を「折伏」と呼びそれを「大慈悲心」と形容したことは前述したが、井上のロジックからすると、その意味するところは、暗殺の対象となる政財界の要人への慈悲ではなく、そのような悪者を倒すことが貧困に苦しむ国民全てを救済するという意味だった。それに比べると、チベットの僧侶たちとオウムのロジックの方が似ており、また、仏典中の「一殺多生」の意味にも近い。

だが、「動機次第で殺人にはならない」というロジックを抽出する前の文章が与える印象はだいぶ異なる。チベットの方では、焼身によって死んだ場合、自分は高い世界に生まれ変われるのだということは述べられていない。むしろ彼らが依拠している「捨身飼虎」にせよ「一殺多生」説にせよ、他人を救うために自分は（自分に対してであっても殺害という罪を犯すことで）地獄に行くのだという覚悟を持って行うのでなければ、その動機は不純なものになることが前提となっている。また、ほかの人に「あなたも焼身供犠を行ってください」と呼びかけてもいない。それに対して麻原の方は、教団の出家者たちに、善行になるんだ、自分の功徳を積むことになるんだというメリットを強調しながら結果的に殺人に向かわせることになった。しかも彼らが邪念なく慈悲心のみで事を行える「成就者」であるかどうかを保証しているのは、麻原個人によるお墨付きであった。

もちろん、殺害の対象が他人か自分かという違いも（このロジックの中ではそこの区別がないのだが）、実際問題としては大きいだろう。つまり、もしチベットで起こっているのが中国の要人に対する暗殺計画であれば、ダライ・ラマやほかの高僧たちの意見は全く変わるのではないか。そもそも武力抵抗を非暴力的抵抗に切り替えたのがダライ・ラマだったのだから。また、自分に対する焼身行為にしても、宗教的意味づけによる正当化は危ないと認識したチベットの高僧たちは、この行為を「宗教的供物」ではなく「勇敢な政治的な行為」だと主張し、宗教と政治を切り分けようともしているという（Vehaba 2019, 227）。

付け加えれば、オウムは、慈悲殺人の考えは、仏教でも時代を下った密教（金剛乗《こんごうじょう》＝ヴァジラヤーナ）の段階でなければ現れないと考えていたが、一殺多生が説かれている『瑜伽師地論』（無著〔アサンガ〕作とされている）は密教の成立より早く、さらにそれよりも古い『方便善巧経』にも見られる。しかし、その考えは、現実世界での殺人を正当化するための後づけ説明だったのか、特にその時の為政者による戦争行為を正当化するための政治的なものだったのか、それとも仏教固有の論理を突き詰めた結果、一つの解釈として必然的に生じたものだったのか、それについては歴史学・文献学的研究と議論が必要であると思われる。

『方便善巧経』該当箇所の意訳

昔々、燃燈仏（Dipaṃkara Buddha）の時、５００人の商人が財宝を求めて大海に向けて出航した。その中に悪行をして後悔の心がなく、武芸に熟練して常に強盗を行なっている１人の悪人が商人を装って乗っていた。この悪人は「彼らが財宝を獲得すれば、彼ら５００人の商人を殺して奪い取り、閻浮提（Jambudvipa）に帰ろう」と考えていた。〝大悲をもった者〟と名づくる船長の夢の中に大海の鬼神が現れて「この悪人が５００人を殺せば大罪悪の行為をなすことになる。なぜなら、この５００人は、皆、無上正等菩提（悟り）に向かって前進している菩薩であるので、これらの菩薩を殺せば、この悪人は、各々の菩薩が初発心から無上正等菩提に至るまでの間中、常に地獄にいることになる。船長よ、汝はこの悪人が５００人を殺して地獄におちいることがないように何らかの方便を考えよ」と示した。船長は「１

人の悪人が５００人を殺して地獄におちるのを防ぐには、この悪人を私が殺す以外に他の方法はない。５００人がこの悪人のことを知れば、彼らは怒ってこの悪人を殺し地獄に堕するだろうから。私はこの悪人を殺して地獄に堕してもその苦しみに耐えよう」と考えて、〝大悲をもつ者〟と名づくるこの船長は大悲の心をおこし、その善巧方便によってその悪人を殺したので、彼ら商人たちを無事、各自の町へ帰らせることができた。（藤田　一九九五、一四五）

第4章　ナショナリズムと鶏卵関係か
——ユダヤ教・ヒンドゥー教・神道系過激思想

前章までは、（日本では）一般に「世界宗教」と呼ばれる宗教の過激思想を論じたが、それに対して本章は「民族宗教」の過激思想を取り上げる。「世界宗教」「民族宗教」の分類を重視する人たちは、前者は現世的価値に縛られずに普遍的な価値を志向し、全人類を救済の対象とするが、後者は現世志向で特定の民族の福利や救済を求める点で限定的であると説明してきた。特に政治との関係でいえば、民族宗教ではその民族なり国なりの長が、その宗教の最高祭司、あるいは神そのものになる。民族宗教の社会的機能は、その民族を統合し、維持し、外敵に立ち向かわせることである。正確にいえば、世界宗教でも、たとえばキリスト教内の英国国教会のように、その国の君主が国教会の首長でもあるというケースは存在する。しかし世界宗教には世俗を超越した価値志向も含まれるため、それに照らして現実の君主、政治の批判もできる。つまり、民族宗教はその民族・国の政治を正当化するだけだが、世界宗教には、ある民族・国の自民族優越主義や為政者の暴挙を批判する機能があるといわれてきた。

この従来の二分法——現在の宗教学ではこれも相対化されつつあるが——に従うと、世界宗教よりも民族宗教の方がナショナリズムに結びつきやすいことになる。そもそも民族宗教は特定の民族を強化するために存在し、さらにその民族が神の子孫であるといった起源神話によって、ナショナリズムを強化するというのはよくある見方だ。民族宗教とナショナリズムは鶏と卵のようなものだというのである。

とするならば、世界宗教を基盤とする過激思想と、民族宗教を基盤とする過激思想では、どちらがより過激かは簡単にはいえなくても、ロジックはかなり異なるものになりそうである。実際どうなのだろうか。ユダヤ教、ヒンドゥー教、神道からそれぞれ例をとってみよう。

1 カハネ主義——ネオナチ化したユダヤ教徒

二〇〇一年のアメリカ同時多発テロ事件以降、イスラム過激派に関するニュース報道が急増したが、同時期にユダヤ過激派も伸張していたことはそれほど知られていない。そしてその二つの過激派は無関係ではなく、パレスチナ問題をめぐって憎悪の連鎖を引き起こしている。

一九九四年、イスラエルのヨルダン川西岸地区の都市ヘブロンで、ユダヤ過激派の医師バールーフ・ゴールドシュテイン（一九五六〜九四）が「マクペラの洞窟虐殺事件」と呼ばれるテロ事件を起こした。この洞窟には聖書に登場するアブラハムやイサクなどの墓があると信じられており、ユダヤ教徒・キリスト教徒・ムスリムは、それぞれ礼拝所を設けていた。ちょうどユダヤのプリムの祭りの日で、イスラムのラマダーンの月でもあったのだが、ゴールドシュテインは早朝の礼拝のために集まっていたパレスチナ人ムスリムを銃撃し、二九名を殺害、一〇〇名以上に傷を負わせたのである。ゴールドシュテインがその前夜に礼拝に訪れたところ、パレスチナ人の若者たちが「ユダヤ人を殺せ」と罵声を浴びせて礼拝を妨害し、しかもそれをイスラエル側の護衛団が放置したために激高したのだと伝えられている。もちろんその一回の出来事からいきなり暴力行為に至ったわけではない。ゴールドシュテインはユダヤ極右思想とされるカハネ主義の信奉者だった。そしてこの事件は、イスラエル政府とパレスチナ解放機構（PLO）が和平に向けて歩み出したオスロ合意締結の翌年に起こったのだった。

カハネ主義、またカハネ主義者の組織であるユダヤ防衛同盟（Jewish Defense League, JDL）

は人種差別的で暴力的であることから「ネオナチ」と呼ばれ、その創始者のラビ（ユダヤ教の指導者）、メイル・カハネ（一九三二～九〇）は「ユダヤのヒトラー」と呼ばれた。排外的な極右思想は民族・国を問わずに見られるもので、二一世紀に入ってからは反移民政策を掲げる極右政党がヨーロッパなどで勢いをつけている。だが、とはいえ、ホロコーストの犠牲者であり、人種差別の恐ろしさと根拠のなさを他民族の何倍もよく知っているはずのユダヤ人たちが、なぜ同じことを他人に対して行えるのだろうか。カハネとは何者か。

カハネ、JDL、カハ党

カハネはニューヨーク・ブルックリンの正統派ユダヤ教徒の家庭に生まれた。正統派とは、ユダヤ教徒の中でも伝統的戒律を遵守し生活する人々を指す。ユダヤ防衛同盟を創設したのは一九六八年、アメリカの公民権運動のさなかであった。目的はユダヤ人を反セム主義（ユダヤ人差別）から守ることであり、このため、当時のアメリカ社会の中では、人種差別に抗議するアフリカ系アメリカ人の運動と同種のもの、つまり左派的運動とみなされることもあったという（ユルゲンスマイヤー　二〇〇三、一〇六）。ユダヤ人を守るためなら暴力も辞さないという態度だったのだから、まさにマルコムXのような立ち位置にあったわけだ（カハネの方は一線を越えてテロ行為に及んだのだが）。実際に、初期にはユダヤ防衛同盟はアフリカ系アメリカ人の団体と連帯することもあった。さらに、ソ連で迫害されるユダヤ人を解放しようとする運動はアメリカ国内で特に支持を集めた。カハネは、第二次世界大戦中にアメリカのユダヤ人はアウシュヴィッツのユダヤ人を見捨てたとして、同胞を厳しく批判し、ソ連のユダヤ人に対して同じことを繰り返してはならないと訴えたのである（Kahane［1972］2009）。

ところが、そのようなカハネの運動も、場所をイスラエルに移してからは意味が変わっていった。そこではマイノリティであるパレスチナ人・ムスリムが攻撃対象になったためである。このためイスラエル国内の和平派からも、また国際的にもカハネは危険視されるようになっていく。彼は一九七一年にアラブ人をイスラエルの地から追い出すことを目ざすカハ党という政党を結成した。カハネは最初の選挙では落選するものの、一九八四年には国会議員になる。そしてまず立案した法律は、追放の一歩として、

メイル・カハネ

- 非ユダヤ人からイスラエル市民権を剥奪《はくだつ》する
- ユダヤ人と非ユダヤ人の婚姻・性交渉を禁止する

というものだった。

そのような排外的法律を、カハネは、中世のユダヤ最大の思想家マイモニデス（一一三五～一二〇四）の『ミシュネー・トーラー』から導けるとして正当化した。『ミシュネー・トーラー』はユダヤ法を体系化した権威ある書である。すなわち、カハネの強みは、自分は伝統的なトーラー（ユダヤ法・律法）に基づいたユダヤ社会を創ろうとしているだけだという、それだけとってみればユダヤ教徒が否定しにくい理念に訴えたところである。しかもカハネは、自分はアラブ人を憎んでいない、アラブ人へのリスペクトを欠くのは和平派のユダヤ人の方だと公言した。カハ党は人種差別を扇動するという理由で次の選挙への参加を禁じられるのだが、カハネは自分たちは人種差別主義者ではないと言い張ったのである。彼はいったい何を考えていたのか。

カハネの思想

カハネは一九九〇年、故郷ニューヨークで正統派ユダヤ教徒の聴衆に向けて演説を行った直後、暗殺された。暗殺犯はエジプト生まれのアメリカ人ムスリムで、三年後の世界貿易センター爆破事件にも関与し、（二〇〇一年アメリカ同時多発テロ事件の首謀者とされる）ウサーマ・ビン・ラーディンから支援を受けていた。このカハネの最後の演説の内容を見てみよう（現在、「最後の演説」として出版されているものは二つ存在する。ここで取り上げない方の "So You Shoot the Messenger" は、経済不況とともにアメリカで反セム主義が再燃しているから、アメリカのユダヤ人は早くイスラエルに移住する方がよいと呼びかける内容である）。

演説はまず、アラブ人ではなくイスラエル国内のユダヤ人に対する批判から始まる。一九四八年の建国以降、イスラエルで幅を利かせたのはヨーロッパから移住してきた左翼ユダヤ人であり、彼らは世俗的、すなわち反宗教的だった（確かに、農業共同体「キブツ」で知られるように、初期の移住者には社会主義の影響が大きく、よって無神論的だったのである）。彼らは、イエメン、モロッコ、イラクなど中東地域から移住してきた、ユダヤ教の信仰を強く持つユダヤ人を軽蔑し、迫害した。すなわちカハネがここで問題にしているのはユダヤ人の内部差別である。差別する側はドイツ・東欧出身のアシュケナジ系のユダヤ人、差別される側はアラブ・イスラム圏で暮らしてきたミズラヒ系のユダヤ人。カハネは見た目も生活習慣も（ヨーロッパ人よりは）アラブ人に似ている後者を擁護しているのである。イベリア半島をルーツとするスファラディ系ユダヤ人も、イスラエルに移住したところ、アシュケナジ系から「原始的だ」と侮辱されたという。

演説が行われた頃、イスラエルでは犯罪の増加が社会問題化していたが、カハネはその原因を、権力を志向するだけの左翼ユダヤ人が、ユダヤ人からユダヤらしさの根幹をなすユダヤ教を剝奪したことにあるとする。差別のために貧困から抜け出せないミズラヒ系の若者たちが、ユダヤ教という精神的なよりどころも失いアウトロー化しているのだというのがカハネの見方だ。

カハネはそのようなユダヤ人の貧困層から絶大な支持を受けており、その原因は自分がほかの政治家はいわないことをはっきりいうからだという。それは、アシュケナジ系のユダヤ人がイスラエルを「ヘレニズム化」しようとしているということ。「ヘレニズム化」とは、古代ユダヤ人が、紀元前四世紀にアレクサンドロス大王に征服されたことにより、ギリシャ文化に同化していったことを指す。つまりユダヤ教を忘れさせ、欧米化しようとしているということだ。それに対してカハネは、「私が求めているのは「ユダヤ国家Jewish State」だ。タイムズ・スクエアのヘブライ版が欲しいのではない。」(Shemer 2013, 115-116) と訴える。つまり、カハネにとって現代のイスラエルはヘブライ語が公用語であっても多数派がユダヤ人であってもユダヤ国家ではない。ユダヤ教が国教ではないし、それどころか宗教離れしたユダヤ人が多数いるためだ。

しかしユダヤ人にユダヤ教を取り戻すだけでは、ユダヤ国家はまだ半分しか完成していない。非ユダヤ人を追い出さなくてはいけないのである。なぜか。それはもちろん、聖書に、カナン（現イスラエル・パレスチナ）は神がユダヤ人に与えた約束の地だと書いてあるというのが根拠になるのだが、しかし、カハネは「ここはもともとユダヤ人が住んでいたのだから」ということを持ち出すのではなく、現実的な問題を挙げ、非ユダヤ人を排斥せよと論じていく。

イスラエルの市民権を持つ非ユダヤ人には、アラブ人のほか、少数だがアジア人、ヨーロッパ人、アフリカ人なども存在する。だが、ここでカハネが排斥しようとしている対象はアラブ人ばかりだ。特定の民族・人種を狙い撃ちしていることになる。それなのに自分は人種差別主義者ではないと彼が言い張るのは、ユダヤ人を嫌い攻撃してくるのがアラブ人だという理由による。国際社会では、軍事力・経済力において圧倒的に優位に立つイスラエル・ユダヤ人がマイノリティであるパレスチナ人（民族的にはアラブ人、宗教的には多くがイスラム）を虐げているという理解が定着しているが、カハネの認識では被害者はユダヤ人である。パレスチナ人による自爆攻撃が増えるのは二〇〇〇年代であり、この時カハネが問題にしているのは一般市民に対する日常的な暴力事件であった。毎日のようにイスラエルの街中でアラブ人がユダヤ人を襲い、殺害しているというのである。

たとえば若いカップルや、ヒッチハイクで家まで帰ろうとした若者が、特に金目当てというわけでもなく残忍な方法で殺されたという。裏社会の犯罪者たちが罪のない一般人を襲っているという構図である。なぜアラブ人はそのようなことをするのか。それはイシュマエルの子孫だからだ、とカハネはいう。聖書によればイシュマエルはアブラハムの息子の内、アラブ人の先祖となったとされる長男である（ユダヤ人の先祖となったと信じられている息子はイサクである）。イシュマエルについては聖書に「彼は野ロバのような人となり、その手はすべての人に逆らい、すべての人の手は彼に逆らい、彼はすべての兄弟に敵して住むでしょう」（創世記 16:12）とあるのだが、この文言を引用してカハネは「われわれの相手はこいつだ！　こいつが敵だ。イシュマエルだ」（Shemer 2013, 137）とアラブ人を非難する。

カハネが次に挙げる問題は、ユダヤ人とアラブ人との結婚である。ユダヤ教においては、父親がユダヤ人でも母親が非ユダヤ人であれば子どもはユダヤ人ではなくなると規定されているため、他民族との結婚が増えるとユダヤ人人口は減少する。だがカハネが問題視しているのは、ユダヤ人女性がアラブ人男性と結婚するケースが増えていることで、しかもそのユダヤ人女性は売春婦たち、アラブ人男性はそのヒモだ、これはけしからんというのである。共生だのなんだのといってそのようなカップルを支援するためのセンターに公金を投入するのはもってのほかだという。

しかもアラブ人は子だくさんだ。イスラエル国家は出生率を上げるために、子どもが生まれた家庭には国民保険から手当を出している。このためアラブ人家庭ばかりが得をしているし、このままアラブ人が増え続けるとイスラエルを乗っ取られるぞとカハネは警告する。しかもアラブ人にはパレスチナ解放機構が家を買う資金を提供している。それなのにイスラエル政府はアラブ人がユダヤ人の土地を買っても止めもしない。悪いことをしているわけではないし、イスラエルは民主主義国家だからというのが政府の言い分だ。だが、アラブ人が潤い、一方でユダヤ人の間では出生率どころか自殺が問題になっている、それはおかしいではないか、とカハネはいう。

日本でいえば在特会の主張に似ており、批判者から見れば典型的な人種差別だが、それでもカハネは自分は「アラブ人を憎んでいるわけではない」と言って譲らない。「私はユダヤ人にとっての敵を、彼らがアラブ人だからではなく、まさに敵だから憎んでいるのだ」(179)。アラブ人を見下しているのはむしろリベラルなユダヤ人だ。というのも、リベラルなユダヤ人は「アラブ人の生活水準を上げてやれば、(満足して) 素行の良いアラブ人になるだろう」と考えている。それはアラブ人に失礼じゃないかとカハネはいう。リベラルの考える「良いアラブ人」とは、お金と引き換えに「自分の土地だと思っているパレスチナにユダヤ人が住むことに同意する」(179) アラブ人のことである。そのようなアラブ人を増やすことをアラブ人との共存だというリベラルなユダヤ人はなんて偽善的なんだろう、とカハネは批判する。「ユダヤの国」に住んで嬉しいと思っているアラブ人はいないはずだ。つまり、アラブ人の心までは買収できないため、無理にイスラエルに住まわせると憎悪をたぎらせる。そのくらいなら出て行ってもらった方がよい、というのがカハネの理屈である。ここでいうリベラルなユダヤ人には、パレスチナ・アラブとの和平に尽力しノーベル平和賞を受賞した首相シモン・ペレスらが含まれている。

カハネは、アラブ人をただ追い出すのではなく、移住に同意するならば補償金を支給せよと提案していた。かつてユダヤ人が各地から迫害を逃れてイスラエルに移住した際、移住元の国家はユダヤ人に補償金を出すどころか財産を巻き上げた。それに比べて自分の政策はなんと人道的なのか、とカハネは自画自賛する。ユダヤ人の中にもカハネに向かって「それはかつてドイツがユダヤ人にしたことじゃないか」という者がいたが、カハネは

これが人種差別だって？　とんでもない、これは自衛だ。自己保存だ。アラブ人を嫌っているわけじゃない、アラブ人はどこか他所で幸せに暮らしてくださいと言っているだけなんだ。(202)

と反論する。

同じユダヤ教徒の正統派の中には、ユダヤ国家の建設、言い換えればユダヤ人にとっての

最終的な救済は神がもたらすものであり、人間が人為的に行うべきではないという立場もある。そのような人たちは、イスラエルに帰還するシオニズム運動自体に懐疑的である。それに対してカハネは、人間にも積極的な役割があることを強調する。

神は慈悲深くも二〇〇〇年後に私たちにユダヤ国家を与えた。だが、私たちも努力し、苦労しない限り、つまり、神が求めるような国家を私たちが築かない限り、〔真の〕ユダヤ国家を与えてはくれない。ユダヤ人には民主主義が必要だが、アラブ人には民主主義を与えたくない。というのも、〔アラブ人をイスラエルに住まわせてしまったら、〕ユダヤ国家はなくなってしまうからだ！（247）

（ここでカハネが言っている「民主主義」とは、市民権・居住権を与えること）

イスラムと比較すると、カリフ制国家の中に非ムスリムが住むことはイスラムでは許容されているため、なぜカハネはユダヤ国家にアラブ人は住めないというのか不可解かもしれない。これについては彼は他所で論じているが、イスラエルを神が望む「聖なる」国家にするには、全国民が神の与えたユダヤ法・戒律を遵守して生活する必要があるというのが理由だ。イスラムでは最終的な救済のゴールは天国だが、ユダヤ教ではそれは地上のユダヤ国家である。つまり、この世の中で聖なる空間を完成させなくてはいけないのだが、それは誰か一人が特別な儀式を行えば成就することではなく、その中の住民全員が日々ユダヤの戒律に従って暮らす必要があるという。それが神が求めることであり、だからユダヤ国家は他民族・他宗教に「寛容」にはなれないのだというのがカハネの解釈である（Kahane［1983］2016, 101）。

以上が演説の概要だが、総じて伝わってくるのは、自民族優越主義というよりもむしろまとまりのないユダヤ人に対する焦燥感である。すなわち、ナチスのユダヤ人差別とは異なり、アラブ人は劣等人種で自分たちは頭がよいなどと誇るのではなく、イスラエルの同胞に対して「情けないぞ。やっとイスラエル国家を再建したというのに自らユダヤ教を捨てるのか」、アメリカの同胞に対して「なぜイスラエルに帰還しないのか」と叫び続けているのである。ユダヤ人が迫害されない唯一の安全な場所ができたというのになぜなんだ、ユダヤという出自に引け目を感じながらアメリカに住み続ける方がよいのかと。「彼ら〔アラブ人〕は〔イスラエルを〕穢している。だが非難されるべきは我々自身だ。我々が最悪の冒瀆《ぼうとく》者なのだ」（107）。

カハネの言葉をそのまま受け取れば、アラブ人を悪魔と呼んでいるわけでも、殺害せよとけしかけているわけでもないので、邪悪な煽動家というほどではない。だが、皮肉なのは、ユダヤ・アイデンティティを取り戻せという彼の言動が、ますますユダヤ内・イスラエル内の分裂を深めていったということである。また、ユダヤ人を団結させるために、被害者意識を煽ってもいる。なるほど、ホロコーストを体験した民族であれば、被害者意識をどんなに持っても持ちすぎることはないかもしれない。だが、この演説がなされた時期、イスラエルではパレスチナ人とイスラエル兵の間での（第一次）インティファーダが激化していた。その暴力性にカハネは全く言及していない。

このように情報の選択の恣意性は明らかなのだが、今なおユダヤ人の間ではカハネ支持者が存在している、いや、むしろ死後、「カハネの言ったことは正しかった。ユダヤ人とアラブ人は住むところを完全に分けない限り、平和は来ない」という声は高まっているほどである。

2　ヒンドゥー・ナショナリズム――「寛容」という名の排他性

カハネ主義に対応するようなヒンドゥー教の過激思想は、現在、「ヒンドゥー・ナショナリズム」と呼ばれている運動の中にある。この運動は、一時期は「イスラム原理主義」のヒンドゥー教ヴァージョンとして「ヒンドゥー至上主義」とも呼ばれていたが、日本でも大きく報道されるようになったきっかけは一九九二年のアヨーディヤ事件である。インド北部のアヨーディヤにあったイスラムのモスクを、ヒンドゥー・ナショナリストの一団が取り壊したのである。この地はインド二大叙事詩の一つ『ラーマーヤナ』の主人公ラーマの生誕地として知られるが、もともと存在したヒンドゥー寺院がムガル帝国時代に破壊され、代わりにモスクが建てられたと伝えられていた。一九八〇年代からヒンドゥー・ナショナリストの間でそこにラーマ寺院を再建しようという声が大きくなり、ついに実行に移されたのである。

その事件に続き、ヒンドゥー・ナショナリストの政党であるインド人民党（BJP）が党勢を伸ばし、一九九八年には政権を樹立した。その後、浮き沈みはあるものの、二〇一四年の総選挙では圧勝し、人民党のナレンドラ・モディが首相になった。政権による庇護《ひご》のもと、インド各地でヒンドゥー・ナショナリストの活動が活発化する。一度ムスリムに改宗した人をヒンドゥー教徒に再改宗させる運動や、ヒンドゥー教では神聖視される牛を食すムスリムへの攻撃などがエスカレートした。国政レベルでも二〇一九年には不法移民のうちムスリムばかりをインドから追い出す改正国籍法が成立、施行され、反イスラム色がますます強まっている。

と聞くと、ヒンドゥー教は多神教であり、一神教に比べて寛容なはずだと思っている人たちは、なぜなのかと不思議がるかもしれない。これについて先に結論をいえば、自分たちは寛容な宗教だと言いつつ他者を差別し、排除しようとする、逆説的な論理が彼らの思想には見てとれる。しかも、その論理は日本にとって未知のものでは全くないのである。ヒンドゥー・ナショナリズムの思想を、その中心概念である「ヒンドゥトヴァ Hindutva」から見てみよう。

ヒンドゥーの「国体」思想——V・D・サーヴァルカル

「ヒンドゥトヴァ」とは文字通りには「ヒンドゥー性・ヒンドゥーらしさ」を指す。この概念を明確に打ち出したのは、イギリス統治下のインドの活動家V・D・サーヴァルカル（一八八三～一九六六）が一九二三年に出版したパンフレット『ヒンドゥトヴァ——ヒンドゥーとは誰か？』(Savarkar［1923］1969）である。日本では「ヒンドゥー」という言葉はヒンドゥー教という「宗教」を指すと思われているが、ヒンドゥー・ナショナリストにとって「ヒンドゥー」とはもっと広いもの、インドそのものである。この違いは、この言葉についてどちらの理解が合っているかという問題ではなく、「宗教」という言葉やそれが指す範囲は、どの国でも常に政治的なものであると見る方がよいだろう。

V・D・サーヴァルカル

すなわち、「ヒンドゥー教 Hinduism」という言葉を作ったのはイギリス人だが、その政治的目的は、インド国内のヒンドゥー教徒とイスラム教徒を明確にグループ分けし、仲たがいさせること、つまりいわゆる分割統治を行うために宗教対立の構図を作り出すことだった。それに対してヒンドゥー・ナショナリストは、「ヒンドゥー教」の語は植民者が押しつけたものだからといってこれを退ける一方、インドらしさを「ヒンドゥトヴァ」という言葉で自ら定義することにより、インドらしさの構成要素からイスラムを除外することを試みたのである。

サーヴァルカルは、最初はイギリスに対する独立運動において、マハトマ・ガンディー(一八六九〜一九四八)とは対照的に武力による抵抗を良しとする革命家だった。イギリス側の要人の暗殺に関わったとされ、三〇年近く投獄されるが、刑務所の中で執筆したのがこのパンフレットである。その頃、インドではカリフ制国家樹立を目ざすムスリムによるハリハ運動が盛り上がっており、サーヴァルカルは次第にイギリス人よりもムスリムを敵視するようになっていった。ガンディーを中心とする国民会議派に対して、ムスリムに譲歩しすぎると批判し、その果てにガンディー暗殺にも関与したともいわれている。

『ヒンドゥトヴァ』はインドの歴史をひも解きながら進んでいく。サーヴァルカルはまず、「ヒンドゥトヴァ」はヒンドゥー教と同義ではなく、ヒンドゥーという民族(race　後述のように同じ血を持つ集団）全体が持つ思考・行為の全ての側面を指すと述べる。それではヒンドゥーとは何か？　もともと何を指す語だったのか？　彼によれば、エジプト文明よりもバビロニア文明よりも早く、古代アーリア人はインダス河（『リグ・ヴェーダ』にある「シンドゥ七大河」）の河畔に住みついたが、彼らはその時から民族意識（国民意識 sense of nationality）を持ち、自分たちに河と同じ「シンドゥ＝ヒンドゥー」という名を付けた。「シンドゥ＝ヒンドゥー」が共通の民族性（国民性）であり文化だったのだ、と彼はいう。現在の（欧米や日本の、というべきかもしれないが）歴史学では、この説に根拠はなく、近代以前にインド亜大陸に住んでいた人々に共通の民族（国民）意識はなかったと見ている。それに対してヒンドゥー・ナショナリストは、インド人は太古から共通の文化を持ち、自分たちを一つの民族（国民）として認識していたと主張するのである。そしてアーリア人については、「勇猛な」と形容するものの、侵略民族だったとはしていない。侵略してきたのは、一一世紀にヒンドゥーたちを北西から襲った、マフムード率いるムスリムたちだという。

このムスリムとの対立を通して、ヒンドゥー側の団結心が高まり、「ヒンドゥー」という自意識が強固になったとサーヴァルカルはいう。ジャイナ教徒も、一五世紀にナーナクが創始したといわれるシク（スィク）教の信者も、みなインド生まれの「ヒンドゥー」であるとされる。どのような信条を持っていてもヒンドゥーはヒンドゥー、それは血のつながりであり、外来のムスリムとは異なる明確な集団を形成しているとサーヴァルカルは論じる。

というのも、ヒンドゥーの国(Hindusthan)の名誉と独立を守り、ヒンドゥトヴァの文化的統一性と人々の生活を維持することは重要な問題だからだ。ここでいっているのはヒンドゥー教だけではなくヒンドゥトヴァ、すなわちヒンドゥー・ダルマ(法・真理)のことである。ヒンドゥトヴァを守るために何百もの戦場や交渉の場で戦いが行われたのだ。(Savarkar [1923] 1969, 45)

世界の中でヒンドゥーほど一つの民族的単位(racial unit)として認識されることを正当化できる人々はいない。せいぜいユダヤ人ぐらいだ。ヒンドゥーと結婚するヒンドゥーは、(異なるカーストの者と結婚すれば)カーストは失うかもしれないが、ヒンドゥトヴァを失うことはない。どのような理論・哲学・社会システムを信じていようと、それが正統であろうと異端であろうと、それがヒンドゥーによって創始された土着のものである限り、ヒンドゥーは自分の(それまでの)宗派は失うかもしれないが、彼のヒンドゥトヴァ、すなわち彼のヒンドゥー性を失うことはない。なぜなら、ヒンドゥトヴァを決定する最も重要な要素は、ヒンドゥーの血を継承していることだからだ。(90-91)

カースト制（ヴァルナ）については、その存在は肯定するが、カーストの違いを超えたヒンドゥーの民族としてのまとまりを強調している。

まとめると、ヒンドゥトヴァには三つの必要条件があるとサーヴァルカルはいう。共通の祖国、共通の血、そしてサンスクリット語を含む共通の文化である。インドに住むムスリムやクリスチャンはこの共通文化を欠いているからヒンドゥーの仲間ではないと彼は強調する。インド生まれのムスリムやクリスチャンにとって、インドは祖国ではあっても聖なる場所ではない。彼らの聖地はアラビアやパレスチナにあるからだ。インドの地を聖なるものとして崇拝しない限りはヒンドゥーではない、という論理により、彼はヒンドゥーとムスリム・クリスチャンの間に明確な線を引く（113）。さらに、ヒンドゥーはイスラムやキリスト教のような特定の教義に基づく宗教ではなく、さまざまな信仰を包みこむ、宗教の上位にあるものだと論じる。

これは、神や魂や人間の解釈について何か新しい理論を主張する何らかの教義を包摂するかどうかという問題ではない。というのも、ヒンドゥーの思想――それはドグマとしての何らかの宗教のことではない――は、不可知の存在の本性、あるいは「それ」と「汝」の関係の本性についての人間の思惟のあらゆる可能な形態をすべて網羅しつくし

たからだ。(114)

いつの日か、ヒンドゥーの語はインドに住んでいる人全員を指す語になるかもしれない、と彼はいう。だが、宗教というエゴがある限り、それにとらわれている人は、インドに住んでいたとしてもヒンドゥーにはなれない。「宗教が「イズム」であることをやめ、永遠の原理の共通の基盤になれば」、インドに住む人全てが「ヒンドゥー」と呼ぶにふさわしい存在になるだろう。そのような永遠の原理は「「人間の国家」がしっかりと基づく、共通の基盤の全ての根源に存在しているのである」(83)。

以上がサーヴァルカルの論法である。ヒンドゥーは普遍性を持ち、イスラムやキリスト教が真理として掲げているものは特殊で限定的であるという対比は、一九世紀末にヨーロッパの比較宗教学者が流行らせた世界宗教と民族宗教の対比のちょうど裏返しになっている。

本章冒頭でも論じたように、世界宗教と民族宗教の概念は現在の日本でも頻繁に使用されている。その場合の世界宗教の代表はキリスト教、イスラム、仏教、民族宗教の代表はユダヤ教、ヒンドゥー教、神道である。ヒンドゥー・ナショナリストは、ヒンドゥーは民族宗教ではなく普遍的な真理についての思想であり、多神教ではなく唯一の絶対的存在・真理を信じていると考えているのである。すなわち、世界宗教の一つというわけでもなく、それ以上であり、全ての個別の思想や主義を包摂しているのだという論理である。その意味で、ヒンドゥーは非常に「寛容」である。その「寛容さ」に包まれようとしないムスリムやクリスチャンはインドから出て行ってもらいたいというのである。

これは論法としては日本のいわゆる「国家神道」体制を支えた思想によく似ている。日本の場合は、神道（神社）非宗教説という。明治政府は当初は神道を日本の国教にしようとしたが、間もなく方針を変えた。「神道は宗教ではなく、国家の公的な祭祀《さいし》である」と定義し、仏教やキリスト教といった宗教は個人が好みで信仰する私的なものであると位置づけることにしたのである。これにより、神道祭祀を全国民に強制することと、信教の自由の国として近代性を対外的にアピールすることが両立すると考えたのだ。「寛容」のパッケージに包まれた排他思想である。

そして国家・民族の真髄を表す「ヒンドゥトヴァ」とはまさに日本の「国体」概念に該当する。サーヴァルカルは、インドはヒマラヤ山脈と海に囲まれた島国のような土地柄のために、外来文化の影響はあるとはいえ、比較的同質的な民族と文化を古代ヴェーダの時代から再生産してきたのだともいい、そういったところも日本のナショナリストに類似していた。

「ヒンドゥトヴァ」の継承

サーヴァルカルに続く世代でヒンドゥトヴァの代表的な論客として知られるのは、M・S・ゴールワルカル（一九〇六～七三）である。ゴールワルカルは一九四〇年にヒンドゥー・ナショナリズムの中心的組織である民族奉仕団（RSS）の二代目総裁となった。

彼も、ヒンドゥー教（Hinduism）という語は使わないが、インド（Hindusthan）には「宗教」があるとする。しかしそれのみを「真の宗教」とし、イスラムやキリスト教とは別格であるとする対比のしかたは、ヒンドゥーを諸宗教から差異化するサーヴァルカルとパラレルである。

ヨーロッパにおいては、全大陸がキリスト教を信奉しているといわれるが、そこではキリスト教は人々の生に浸透しておらず、飾りに過ぎない。そのため、ヨーロッパ各国の国民は、……それ自体の独特の文化を、キリスト教受容以前の祖先の民族（race）精神の進化したものとして持っている。……それに対してインド（Hindusthan）では、宗教は全てを吸収する実体である。その宗教は、健全な生の哲学のゆるぎない基礎に基づき、民族の魂そのものであるかのように、民族の生の中に永遠に織り込まれた。我々にとっては、個人の生活であれ社会生活であれ政治生活であれ、そこでの全ての行為は宗教の命令によるものである。……したがって、我々の偉大な宗教こそが自然に我々を我々たらしめている。……しかし現在、一般的傾向として、宗教は個人の問題であり、公的・政治的生活の中には宗教の場所はないという理解が支持されている。この傾向は、宗教についての誤解から来ている。……〔なぜそのような誤解が生まれるのかといえば、〕ヨーロッパでは、あるいは実質的にはインド以外の世界では、宗教は人にドグマとして強制されるいくつかの意見に過ぎない。……そのような宗教はせいぜい、個人の精神的恩恵のために、個人と神の関係を結ぶ試みに留まる。確かにそのような宗教は政治と関係ない。……しかしそれは宗教の断片に過ぎない。宗教とは、本質においては、社会をそのあらゆる面において統制し、同時に全ての個人の特異性にも対応するものだ……インドにいる我々はそのような宗教をずっと生きてきたのだ。（Golwalkar［1939］2018, 1675–1688）

この宗教のおかげでヒンドゥー文化は今でも世界で一番高貴なのだと彼は結論づけている。インド独立後もゴールワルカルはイスラムとキリスト教を敵視し続ける。インド国内のムスリムは自分たちだけで結束し攻撃的だが、インド政府はそのようなムスリムの暴力を見逃しているだけでなく、マイノリティということで特権を与えているのはけしからんという。

他方、クリスチャンは人道的で福祉活動に熱心な様子だが、彼らの裏の目的は改宗であり、ゆえにキリスト教はあるべき宗教ではない。それに対して、先祖から受け継いだ自分たちの宗教は真の宗教である。

> 真の宗教においては、宣教の必要はない。古代に遠方の地に到達した我々の宗教の師たちは、他人に自分たちの宗教を強制することはしなかった。その反対に、彼らの礼拝の様式を否定することなく、我々の偉大な師たちは、最も包括的な哲学で強化することにより、それをより崇高なものにしようとしたのである。……それこそ本当のダルマ（法・真理）だった。（Golwalkar［1966］2018, 2018）

キリスト教宣教師のねらいは、インドの中にキリスト教国を分離独立させることであり、我々の神々を侮辱し、インド人からナショナリズムを取り除こうとしている。我々の寺院を破壊してもいる。だからクリスチャンは敵でしかない、とゴールワルカルは糾弾する。

自分たちが依拠しているのはキリスト教徒やムスリムのいう宗教よりも大きなものだという論法は、インド人民党を創設したA・B・ヴァージペーイー（後に首相になる）による、アヨーディヤ事件直前の演説においても際立っていた。彼は、国民会議派はムスリムなどのマイノリティの宗教の自由を保護しているが、それでは政教分離＝世俗主義ではないという。自分たちヒンドゥー・ナショナリストこそ政教分離を守っている。というのも、インド人がみな従うべきヒンドゥーのダルマは「生き方 way of life」であり、特定の信仰に従う宗教を超えたものなのだから。宗教的マイノリティはそれに抵触しない範囲で、私的に自分の宗教を自由に実践すればよいのだ。それでなければインドの国家としての統一は守れない、というヴァージペーイーの主張はヒンドゥー・ナショナリズムに共通するものである。（Vajpayee［1992］2018, 5253）皮肉なことに、カハネ同様、ヒンドゥー・ナショナリストたちがそう主張すればするほど、インドの分断は深化し、現在に至っている。

3　神道に過激思想はあるか

神道は保守的だから過激化しないのではないかと思う人がいるかもしれない。特に若い人たちに。実際、筆者が授業で大学生に聞いてみると、日本人学生だけでなく、韓国や中国から来た留学生まで、神道と聞いてまず神風特攻隊を連想する者はいなくなっている。圧倒的に多いのは自然を崇拝するエコロジカルな宗教というイメージで、それはしばしば宮崎アニメの世界と重なっている。

安藤昌益

しかし、過激な神風特攻隊かナチュラルなエコ宗教かというこの二者択一が、戦後という限られた時代の産物であることが、歴史をたどると見えてくる。江戸時代まで遡るが、エコロジーと社会体制の転覆を同時に構想したと（現代の視点から）評される神道系の思想家がいたのである。医師でもあった安藤昌益《あんどうしょうえき》（一七〇三〜六二）だ。一七五〇年代前半に主著、稿本『自然真営道《じねんしんえいどう》』を著したと推定されている。この書はいつの頃からか「開けてみると目がつぶれる謀反の書」といわれるようになり、東京大学に所蔵されている稿本『自然真営道』各巻初丁の表には「門外不出」「極秘」の朱印が捺されている（山﨑　二〇一六、カバー）。もっとも、彼を現代的な意味でのエコロジスト、あるいは革命家とみなす評価は現在の研究では疑問視されている（若尾　二〇〇四）。では、安藤はどのような思想を展開したのだろうか。

「自然の世」――安藤昌益の理想郷

安藤にとって、江戸中期は安定の時代というよりも、戦乱、災害、飢饉《ききん》が絶えず、支配者が民衆を搾取するといった問題山積みの時代だった。

下のものは上のものによって責め貪られるために、うれい悲しむの情にひたり、上のものは下のものを責めたてて収奪するよこしまな情にとらわれる。……あるいは夏六月に冷害がおそって穀物は実らず、あるいは干魃《ばつ》のために穀物は熟さず、暑さに枯れはて、凶作により人びとが餓死したり、あるいは疫病によって多くの人が死に、天下の人がみな死に絶えるのではないかといった心配が生じるほどだ。さらに身近な例をあげるなら、欲心のために大きな戦乱がつぎつぎとおこり、多くの人がたがいに殺しあい、万人が手足のおきどころもなく、うれい悲しむ。（安藤　二〇〇六、一〇〇）

なぜそのようなことになったのか。安藤によれば、人間の社会はもともとは争いも格差もない「自然の世」だった。安藤は「自然」の語を、今と同じような自然界という意味で使うこともあるが、より広く、「活真《かっしん》」と彼が呼ぶ、世界の根本にある生命エネルギーの自発的な運動を表すために使う。道家的な自然（ひとりでにそうなる）ではなく、「ひとりする（自り然る）」、すなわち生命エネルギーが積極的・主体的に運動するさま全体を指す（七）。この生命エネルギーが規則正しく運動し、天地が運行すれば、「穀物・男女《ひと》、四類（鳥・獣・

虫・魚）・草木を生じつづける」（一六）。そのような自然の秩序の生産活動を安藤は「直耕」と呼ぶ。人間が畑を耕して作物を育てる営みのメタファーにより、生命エネルギーは常に生産活動を行っているのだととらえている。しかもそれは無私の営みである。「自然は人間に与えるだけで、人間から奪うことはしない（天道は与うることをして取ることをせず）」。自然の恵みを人間がとって食べても、それは盗むことにはならない。自然と人間は本来一つだからである。

活真の展開からいうなら、それは通行して天を、横行して地（海）を、逆行して陸地を運回し、この一巡が極まると、今度は逆行からはじまって穀物、通行して男女《ひと》、横行して鳥・獣・虫・魚、またもや逆行して草木というように、活真は万物を生じつづける、つまり直耕してとどまることがない。だから、人も物も、それぞれがことごとく活真の分身なのだ。（二〇―二一）

この活真の運動を安藤は「営道《えいどう》」と呼ぶ。本書のタイトル「自然真営道」とは、生命エネルギーが起こす秩序だった自然界本来の動きを表している。

そのような自然の中で人間も自ら農業によって衣食を充たしている限り、この世は平和で安定するというのが安藤の思想である。原初の「自然の世」ではそれが実現できていた。その楽園の喪失の原因となったのが、仏教、儒教（儒学）といった宗教であったというのが安藤の思想のもう一つの大きな特徴である。彼は同時代の政治権力に結びついていた宗教をことごとく否定したのである。

なぜ仏教や儒教は「自然の世」を歪めたのか。それは僧侶や聖人は自ら生産活動に携わらず、農民に仁や慈悲を説く代わりにその生産物を収奪するからである。そのような自然の理に逆らう宗教を、安藤は「私法」と呼び、私法に支配された状態を「法の世」と呼んだ。

以上のことから省るがよい。人の欲による迷い、盗もうとする欲心などの邪気や、うれい悲しみによる汚れた気が天地における活真の正常な気を汚して、運行を乱れたものにし、人びとが餓死・病死するようになることを。その本をただせば、聖人・釈迦が私法を設けて、耕さずに他人から貪り、自分がまず盗もうとする欲心に迷い、ついで世の人を惑わし、人びとに盗もうとする欲心を生じさせたところに端を発しているのである。

（二〇〇―二〇一）

ここで安藤が指弾する「聖人」は、具体的には孔子というより現実の幕藩領主を指しているという解釈もある（若尾　二〇〇四、九六）。仁を施して年貢皆済を迫った当時の為政者の論理を批判したのだという。しかし次の箇所などに見られるように、「聖人」は単なる暗示ではなく、儒教そのものも指しており、現代的にいえば、その思想が身分制と搾取を正当化するイデオロギーであったということを含めての批判であったと考えられる。

ある人が問う。「天地は一体、男女でもって一人であり、上下、貴賤、善悪などといった二別は一切存在しない、とおまえがいうのは、聖人や釈迦をそしった、大変思いあがったたいいぐさといっていいのではないか。……」

答えていう。「聖人をそしることは老子がいち早くいっている。彼が、『天地を貫く大道がすたれた結果、仁義といった儒教倫理が生じた』といっているのは、とりもなおさず聖人をそしるいいぐさだ。つぎに、『荘子』の外篇では、聖人を大盗賊としている。これもはなはだしく聖人をそしる言葉だ。老子・荘子はともに聖人をそしっているが、彼ら自身も不耕貪食して天道を盗む点では、聖人と同罪にすぎない。このことを理解せずに、（老・荘が）聖人をそしるのは、偏った知識による迷いのはなはだしいものだ。わたしが天地一体、男女一人、より根源的には、自然活真が互性の関係のもとで精妙な展開過程を行なうことによって、上下といった二別の存在しないことを主張するのは、聖人をそしるのではなく、ただ、自然活真が互性の関係のもとで展開する精妙な道筋を明らかにするだけだ。聖人が、上下という二別の私法を制定したのは、彼らが偏った知識のために、互性の関係にもとづく真道（自然真営道）を知らないからだ。……」（安藤二〇〇六、七八―七九）

「二別」とは、陰陽、天地、男女、自他など、本来同格で一体のものを切り離し、上下、貴賤、貧富など、序列化する認識や制度を意味する。宗教はこの二別の認識を持ちこみ、本来の関係である「互性」、対をなしながらも潜在的には一体である二つの項の関係を見失わせているというのである。

安藤の宗教批判はまた、学者批判でもあった。耕さずに書物を書くだけでは、偉そうなことをいっても民衆から恨みをかうだけだと述べている。

昔の聖人がいっている、「身を修め、家を斉え、国を治め、天下を平らかにする」と。天下の学者はこの言葉を貴んでいる。はたしてそんなに貴いものであろうか。凶年にあえば、不耕貪食の学者が誰よりもまず、身を保つことができなくなるから、飢えに苦しんで、直耕する人びとからやたらに食物を貪るか、でなければ餓死するほかない。直耕する人びとはいう。「学者は貴いものといわれている。凶作の年に不作でも飢えずこごえないものと思っていたのに、人びとよりも先に飢えに苦しむ。このことから見ると、学者や文字・書物は人の役に立つものではなく、逆に人に害を与えるものである。忌むべきものは文字・書物ということか」と。儒学・仏教・医学・老荘の学・神道といった私法にたずさわるやから、すなわち耕さずして他人から食物を盗み、文字によって書物を書くことを生業とするものは、文字も知らず書物も読めない人びとから、このように批判されても、なんとも反論の余地がないだろう。もともと、文字や書物による学問は、天道を盗む罪悪であるからこそ、このような始末になるのだ。自分一人生きることすらできずに、どうして国家や天下を治め平らかにすることができようか。この程度のことすらわきまえないのが、儒学の聖人や仏教の学者である。だから、文字や書物は天下を乱すことによって、人びとの大いなる怨みのもとなのである。（七二—七三）

この引用にあるように、神道も学としてのそれには彼は批判的である。「儒学、兵法、医学、仏教、老・荘の学、神道の学者」は、「遠い昔の聖人、釈迦、医家、老子・荘子、神道家などの記した、偏った知識による迷いと、あやまりだらけの書物の言葉だけをたどって、目の前のいろりと自分の身体にそなわる、互性の関係にもとづく活真の精妙な展開の理法を知らない」（八四）。そういった宗教の教えは捨てて、「活真の営む精妙な理法を実践すべきだ」（二四三）。そうすれば、法の世は自然の世に回帰していくと安藤は論じる。

この、生命エネルギーの作り出す秩序に従って生きることを、安藤は、古事記や日本書紀に基づく現行の神道ではなく、本来の神道であるとみなし、「自然の神道」あるいは「自然真の本始の神道」と呼ぶ。この場合、神は根本的には活真という一つの神である。そのような本来の神道が失われたのは、外国から儒教や仏教という「二別」の教義が流入し、日本人を迷わせたからだと安藤はいう。外国思想の本質である「二別」は人間の私欲に由来する分別知であり、それに対して日本の本来の神道は、全てを包みこむ「一和」が基礎になっているとする。現在の視点からは、むしろ安藤の世界観の方に中国思想の影響を見ることも可能だが、彼自身は外国思想を徹底的に敵視していた。

安藤の時代は国学の勃興《ぼっこう》期でもあり、国学者の間では儒教や仏教批判、その裏返しとしての日本の称揚自体はよく見られるものだった。安藤のユニークさはその排外性を農業という生産活動に直結させたことにあり、ゆえに社会主義革命家という評価もナショナリストという評価も受けてきた。また、単に為政者を憎むのではなく、権力者もある意味疎外されているのだという見方も、次のような寓話形式で表している。

聖人のなかで伏羲〔中国古伝説上の三皇の一人〕が始めて王となり、上の地位についたとき、栄華のはてに、かまきりをつかまえさせて籠に入れ、これを慰み物にした。ある時、籠からかまきりを出させ、そばにおいて、「この虫は不憫だ。飯と汁を食わせてやれ」といった。

かまきりがにっこり笑っていった。「王よ、あなたがわたしに食物を与えようとするのは、それで仁を行なうつもりなのでしょう。しかし、わたしに与える食物は、とりもなおさず民が直耕して得た穀物にほかならないものでしょう。あなたは耕さずに、民の生産したものを貪ることによって、要するに天道を盗んでいるのですから、一粒といえどもあなたのものであるはずがありますまい。人びとが直耕した生産物のあまりを〔あなたが収奪して〕わたしに与えるにきまっています。わたしは虫の分際とはいえ、盗んだものの分け前を食べるつもりはありません。……あなたは耕すことなく、民の生産物を貪って、天の理法を盗むのですから、この世に盗みを始めた張本人です。このこともわきまえずに、王を名のって宮殿を建て、これを禁中と名づけて住んでいる。禁《いまし》めの中という以上、つまりは籠の中ということと変りありますまい。わたしを捕えて籠に入れるのも、あなたが禁中に住むのも、所詮同じことで、籠は籠〔牢〕です。このように、あなたは自分勝手に私法を制定し、みずから法の束縛のなかにありながら、天の与えてくれた野原に生まれ、自由に遊んでいるわたしを捕えて籠に入れ、罪のないわたしを罪人のようにあつかうことによって、自分自身で罪を作っています。……」（八一―八二）

その一方で、安藤は日本の天皇の存在は肯定した。中国の王とは異なり、天皇は活真の理法に従って生き、農業を普及させたという点で「自然の神道」の体現者だから、という考えによる。よって天皇による全国支配が「自然の世」の再現をもたらすと安藤は構想した。しかし、その理念を実現するために大きな運動を起こすことはなかった。生まれ故郷である現秋田県の二井田《にいだ》村に戻り、飢饉に苦しむ村人を救うために改革を行っているが、それは地主・村役人層に盾を突くものではなかった。余計な出費をしないよう、神事・祭礼・講を停止したというのが改革の主な内容だった。儀礼を全て否定したわけではなく、節約を促すのが趣旨だったため、発想は戦後の新生活運動に近いかもしれない。また、自ら守農太神と名乗り、祭られようともした点では、一世紀後の幕末維新期に増える新宗教（教派神道）の先駆的な例ともいえるかもしれない。

以上、本章では民族宗教と呼ばれてきた三宗教の過激思想の例を見てきた。本章冒頭の問題提起に立ち返れば、確かにどれもがナショナリズムに結びつき、他民族に対して排外的だった。そして特定の「場所・土地」へのこだわりあるいは縄張り意識が顕著である。よそ者はほかの場所で好きにやってくれればよいということだ。

しかし、イスラムの章でマルコムX、キリスト教の章でアメリカの右派、仏教の章で日蓮主義の例に見たように、世界宗教がナショナリズムに結びつくこともしばしば起きている。他方、本章で取り上げた民族宗教の過激思想は、その基づく世界観や「法」の普遍性を主張し、世界宗教の向こうを張っていた。特にヒンドゥー・ナショナリストと安藤は、宇宙・自然にもとから備わっている法に従うべきだと説き、逆に世界宗教の方は「私法」にすぎないと否定するという、似た論法を使っていた。カハネにおいては、ユダヤの律法は自然ではなく絶対神による啓示であるということが、その正当性の根拠となっていた。

ということは、世界宗教も民族宗教も、どちらもナショナリズムと結びつくし、民族の枠を超えるものもどちらも持ちうるということが見えてきた。ナショナリズムに結びつく方が危険であるといわれがちだが、そのイメージには近代になって国民国家（ネイション・ステート）が戦争の基本的な単位となったことと大きく関わっているかもしれない。近代以前の宗教を単位とした戦争、たとえば十字軍や宗教戦争（どちらも実際には単純な異宗教間対立だったわけではないが）は、民族の枠を超えてなおかつ暴力と結びついたものだった。そして二一世紀に入るころから、一方では国民国家単位の争いを超越するためにカリフ制を掲げるような、グローバルな思想の中から過激派が出てきており、他方では「アイデンティティの政治」といわれるような、国民国家よりも小さな文化的アイデンティティをよりどころとする思想からも過激派が増えているというのが大きな流れである。

そしてまた、世界宗教の過激思想も民族宗教の過激思想も、（ある人々にとっての）社会の現状の何らかの不公平さを問題化し、社会正義を実現しようとしているという共通点を持っていた。この特徴をより明確にするために、次に過激思想と近代以前の異端思想を比較してみよう。

第5章　過激派と異端はどう違うか

「宗教的過激派・過激思想」に似た概念として「異端」がある。本書「はじめに」で述べたように、「宗教的過激」という表現が使われるようになったのは最近であり、それに対して「異端」の概念は古く、また、もっぱら宗教に関して使われてきた。「異端」をそのような歴史的な概念としてではなく、分析概念として用い、過激派を含む現在の政治・社会現象に適用する研究例もあるし（森本　二〇一八）、あるいはもっと一般的に、宗教とは無関係に、何か普通とは変わった思想や生き方が「異端」的と呼ばれることもある。これらに対して、本書は現代の「過激」と近代以前の「異端」を対比することにより、「宗教的過激思想」の特徴をさらに明確化してみたい。これは、「異端」の意味・対象を広げすぎないということでもある。

『宗教学事典』（星野他編　二〇一〇）は、「異端」を「同一の宗教内において、正統とみなされる考え・立場と対立するか、一致しない考え・立場、それに属する者たち」を意味する語とし、「したがって、正統と異端とは相関的な概念である」と説明している。例として挙げられている歴史上の異端は、キリスト教の文脈では中世最大の異端とされるカタリ派のほか、マニ教、ペラギウス派、ドナティスト派、あるいはプロテスタントにとってのローマ・カトリック教会、仏教の文脈では日蓮宗の不受不施派などである。さらに、今日では正統と異端という対立的な区別が意味を失っていることも指摘されている。というのも、宗教が個人化・多様化し、正統が消滅したため、その相関概念である異端の語の用途もなくなったためである。この理由により、いわゆる現代のカルト教団を異端と呼ぶことは、言葉の意味上は適切ではないとされている。

現代の「過激」も近代以前の「異端」も、その時代の多数派から変わり者とされるだけでなく危険視されるという点では似ている。しかし両者には目につきやすい大きな違いもあり、それは何よりも暴力との関係である。現代の過激派は、暴力をふるうということで問題視されている。それに対してかつての異端は、ほぼどれもが迫害の対象であり、暴力を受ける側だった。この違いはなぜ存在するのか。

先に結論的なことを述べれば、もちろん、現代の方が社会の中の思想・表現の自由度が一般に高く、変わった思想を掲げていても簡単に迫害されないのは原因の一つである。しかしより大きなことは、現代の宗教的過激思想は、ほとんどの場合（その提唱者から見てのことだが）社会の不公平さを批判し、公正な社会を求めていることだ。本書で取り上げた思想は全てこの特徴を持っていた。つまり、宗教的過激思想の目標は「世直し」なのである（繰り返すが、だから過激思想はよいものなのだというのが本書のいいたいことではない）。

それに対して近代以前の異端は、ある宗教の中で、その宗教本来の姿を追求する中から生まれたものである。あくまで教義などをめぐる宗教内部の対立ということだ。一五世紀ヨーロッパのフス派のように、異端が社会改革運動と結びついた例も存在するとはいえ、社会正義を唱えない異端も多い。他方、現在の宗教的過激思想も、多くの場合その宗教の本来の姿を自認するが、それだけではなく経済的不平等を筆頭とする社会問題の早期解決を図る。そのために社会に対して攻撃的になりうるのである。社会を力ずくで急速に変えようとする点は、宗教的過激思想と、現代の世俗的な過激思想の共通点でもある（だから過激派の対義語は、社会を穏当な手段で少しずつ変えるという意味の穏健派なのである）。近代以前の宗教、たとえば仏教では大きな「罪」は五戒を守らないこと、すなわち殺人や窃盗であり、キリスト教（カトリック）の「七つの大罪」も傲慢、強欲、嫉妬などであった。現在のグローバルな経済的搾取のような社会の構造的問題は「罪」の中に入っていなかったのである。しかし、その問題こそを糺すべきだというのが現代的な認識なのである。実際にローマ教皇庁も二〇〇八年に、社会的不公正や環境汚染などを「新しい七つの大罪」に定めている。

1　異端はどこが異端とされたのか

以上の比較を、代表的な異端を例にとり確認しよう。まず、一二〜一三世紀ヨーロッパ、特に南フランスで活動したカタリ派である。カタリ派を異端視したのは当時のローマ教会であり、討伐十字軍により残酷な弾圧が行われ、一二七〇年代に組織が崩壊したとされる。ドイツではカタリ派の訛り"Ketzerei"が「異端」を意味するようになったほど、キリスト教史を代表する異端である。

カタリ派のどこが異端とされたのか。まず世界を神と悪魔の対立としてとらえる二元論的世界観が異端とされた。神が創造した霊魂が、悪魔により作られた肉体にとらわれているとするグノーシス主義ないしマニ教的要素も然りである。さらにその二元論から引き出される徹底した禁欲主義がある。修道士的な存在である完全者（完徳者）たちには肉食や性行為が禁じられた。現世を悲観するため、物質を生産する活動を拒否し、豪華な祭具を用いたミサ、ローマ教会の聖職者たちの堕落を批判した。

仏教の場合はキリスト教（カトリック）ほど正統と異端の別が明確ではないが、日本仏教史の異端として名前がよく挙がるのは日蓮宗不受不施派である。一六世紀末に、京都妙覚《みょうかく》寺《じ》の日奥《にちおう》（一五六五〜一六三〇）が創始したとされる。これを「邪宗門《じゃしゅうもん》」と呼び異端視したのは江戸幕府だった。カタリ派のようなキリスト教の異端は教会権力と対立したが、不受不施派は政治権力にとって脅威だったのである。しかし、それはこの派が社会正義の類いを掲げたためではなかった。不受不施派は、その名の通り、法華経の信者以外からは布施を受けず、法華経の信者（である僧侶）以外には布施を施さないという教義上の立場を指す。この考えは日蓮宗以外の宗門を否定した日蓮に由来するが、そこが異端的とされたのである。

不受不施派が興った発端は、日蓮宗の妙顕寺《みょうけんじ》が、政権に接近し、折伏から摂受《しょうじゅ》（異なる宗門・宗教の信者を強硬な手段で教化しようとする折伏に対して、穏やかに説得すること）に傾いたことへの反発だった。これはすなわち、宗門が世俗の政権の支配下に置かれることを拒否したということだ。具体的には、一五九五年に豊臣秀吉が京都方広寺《ほうこうじ》の千僧供養《せんそうくよう》のために、一〇〇〇人の僧侶の出仕命令を出したが、日奥は応じなかった。供養に赴けば布施を得ることになるが、秀吉は日蓮宗ではないため、受け取れないというのが理由であった。この時、王侯からの布施は例外的に受け取ってよいと考える、受布施派が出現し、それに対して不受不施にこだわった日奥は最後には流刑という処分を受けることになった。

このように、キリスト教にしても仏教にしても異端はほとんどの場合、宗教の教義や実践に関するこだわりが生み出すもので、貧者を救うユートピアを実現しようという動機から始まったわけではなかった。緊張感なき体制派の教会を堕落したと批判し、さらには社会の腐敗ぶりを嘆くということはあったが。イスラムからも一例をとってみよう。現在のテロリストの原型であるかのように見られてきた、通称暗殺（アサシン）教団という異端的事例があるが、これについてはどうだろうか。

伝説上は、暗殺教団は信者を洗脳し、異教徒を皆殺しにさせるカルト的集団だが、実際のこの教団＝ニザール派（一二～一三世紀にシリア・イランに存在）は、そのような暗殺教団ではなく、メシア思想を持ったシーア派の一派だった。何が極端だったかというと、一時期、終末がついに到来したと信じ、律法遵守はもはや必要なくなったと律法廃止宣言を出したことだった。つまり、イスラム法（シャリーア）を一切守らなくてよいとしたのである。よってその点は現在のイスラム主義者とは正反対である。また、アッバース朝から危険視され、迫害・弾圧された原因は、指導者を（ムハンマドの直系の）アリーの子孫から出すというシーア派の共通目標を急速に実現しようとしたことによる。それは確かに不正を糺そうという意識ではあるが、社会的不平等を問題視したのではなく、やはり教義的理由であった。

以上のように、異端とされた宗教思想の内実、またはある人々が異端視される構造を見てみると、現代の宗教的過激思想・派とは異なるということがわかる。近代を転換点に、ある宗教の教義や儀礼・戒律に関する異議申し立てとしての異端運動よりも、社会的不公正への異議申し立てとしての宗教的過激思想・派が増えていったのである。この「異端」から「過激」へという変化を象徴的に表している事例に、西洋社会の「悪魔崇拝（サタニズム Satanism）」というものがある。カタリ派と現代アメリカのプロテスタント保守派の間には連続性や系譜関係はないが、悪魔崇拝は数世紀にわたる現象・表象であるため、中世と現代の姿を比較しやすい。この事例は、宗教研究においてスピリチュアリティと総称される、「〇〇教」という制度化された宗教ではない、広義の宗教現象における過激思想の例にもなるため、ここで少し詳しく取り上げてみよう。

2　悪魔崇拝の系譜

以下は悪魔崇拝の系譜を描いたR・ファン・ルイク『ルシファーの子どもたち』（Luijk 2016）の祖述になる。悪魔崇拝が主題だというと研究自体がいかがわしいのではと色眼鏡で見られそうだが、この本はアメリカ宗教学会の学会賞を受賞し、研究者の間で高く評価されている。というのも徹底的に歴史資料にあたり、悪魔崇拝についてかつてないほどの網羅的・包括的な通史を実現し、しかも通説を覆した点で画期的だからである。

通説との最大の違いは、近代以前には悪魔崇拝というものは実際には存在しなかったこと、悪魔崇拝だと記録されているものは、みな何らかの人・集団を異端視し、排除しようとする勢力が作り出した妄想や偽証だったということを、資料から丹念に証明したところである。つまり、近代以前は、「悪魔崇拝」は他者を誹謗《ひぼう》中傷し迫害するためのレッテルだった。でっちあげられた「異端」だったということだ。ところがこの構図に対して一八世紀に大きな変化が起きる。悪魔崇拝が一転して「かっこいいもの」になっていったのである。さらに二〇世紀には自ら「悪魔崇拝者」を名乗る者たちが現れるほど悪魔崇拝は人気を集める。そしてその人たちの思想には、本書で論じてきた「宗教的過激思想」の特徴が読み取れるのである。

この一連の変化を以下に順に見ていこう。なお、広義の「悪魔」の観念は世界のさまざまな地域に存在するが、ルイクが対象としているのは欧米のユダヤ・キリスト教文化圏の悪魔崇拝である。そこでの悪魔に当たる言葉にはデビル、サタン、ルシファーなどがあるが、以下は概観のため、特に区別せず「悪魔」と総称する。

「悪魔崇拝」レッテルの形成

紀元前のユダヤ教においては、いわゆる「悪の権化」的な悪魔が明確な特徴を持った存在として想像されることはなかった。それまでの悪魔的な存在は善でも悪でもない曖昧《あいまい》な性格を持っていた。デビルやサタンが端的に邪悪な存在として描かれるようになったのは、新約聖書からである。さらにローマ帝国内にキリスト教が拡大する際には、ライバルだったギリシャ・ローマの神々は、単に偶像崇拝の偶像であるだけでなく、悪を個々に体現する悪魔たちであるとみなされるようになった。ただし、当時のキリスト教の教父たちは、ギリシャ・ローマの異教徒たちは意図的に悪魔を崇拝しているのではなく、自分たちの神々が本当は悪魔なのだとはわかっていないだけだと考えていた。教父たちは、それに対して、悪魔を意図的に崇拝する人々として、まずはイエスをキリストだと認めないユダヤ教徒を、そして自分とは異なる信仰・実践を持つキリスト教徒、すなわちキリスト教内部の異端を扱うようになった。

そのようにしてキリスト教内部の異端が悪魔崇拝者だと糾弾されていった例として、八世紀にアルメニアのカトリックが異端視した、二元論的な（立場をとったとされる）「パウロ派」がある。批判する側は、パウロ派を、悪魔崇拝のために夜中に集会を開き、姦通《かんつう》、インセスト、嬰児《えいじ》殺し（しかも聖体、すなわちミサに使用するパンを殺された子どもの血に漬けたり、死体を野ざらしにしたりする）を繰り返す狂信集団として描いた。ローマ・カトリックでは、そのような例の最初のものは一〇二二年、フランス・トゥールーズの事例の記録に見られる。同じく夜間に集会を開き、悪魔は動物の姿で現れ、信者たちは姦通、インセストを行い、生まれた子どもを燃え盛る火の中に放り込んだというものである。

ルイクを含む歴史学者たちはこれらの狂宴が本当に行われた可能性はまずないとしている。というのも、物的証拠がないのはもちろんのこと、残っている記述は全て敵対するグループ、自称正統派によるものであり、しかもその記述がどれも似通っているためである。これらの集会の描写は、そっくりそのまま、古代ローマ人によるキリスト教の集会の描写でもあった。キリスト教徒は同じイメージを排除したい者たちにあてがったのである。

中世に入ると、カタリ派、ボゴミル派、ワルドー派などのキリスト教の異端に、さらにユダヤ教に、悪魔崇拝のステレオタイプがあてがわれていった。このように、悪魔崇拝という概念は、キリスト教正統派が、自分たちにとっての他者を糾弾するためのツールとして作り上げたものだったが、しかし糾弾する側の多くは、相手が悪魔崇拝者だと本当に信じ込み、言葉の上での暴力に留めず、大々的な迫害を行った。

宗教改革期に入ると、カトリックとプロテスタントが互いを「悪魔崇拝者」呼ばわりするようになる。ただしその場合の「悪魔崇拝者」とは、単に正統なキリスト教ではないという悪口であり、夜中に集会を開き悪魔を召喚しているという意味ではなかった。それに対して、この時期に新たに、そのような、いわゆる「黒ミサ」を行っているという疑いをかけられた者たちがいる。それは「魔女」と名指された女性たちだった。魔女の存在は中世にも信じられていたが、一六世紀後半から一七世紀にかけての魔女狩りのピークにおいては、それまでユダヤ教徒や異端に対して押しつけられていたステレオタイプが魔女に適用されるようになった。魔女たちが独自の教団を形成し隠れて悪魔崇拝の儀式を行っていると信じられるようになったのである。こういった集団が実在したというエビデンスは何もない。根も葉もないわけではなく、（キリスト教受容前に存在した）異教の儀式が隠れて行われていたのではないか、それが魔女集会と呼ばれたのではないかという説もあったが、現在の歴史学ではそれも否定されている。

厳密にいえば、当時も、悪魔や悪霊を降ろす、交（降）霊術という魔術の実践者は存在した。しかしそのようなリアルな交霊術は、「黒ミサ」という、カトリックのミサをひっくり返した儀式ではなかった。まず、リアルな交霊術では、悪魔を呼び出すのはこれを崇拝するためではなく、拘束し、退治するためだった。つまり邪悪な者による悪魔崇拝ではなく善良な者による悪魔祓いだったのである。また、当時は、通常のミサに超自然的な効力があると信じられていたため、交霊術はそれと反対のことを行うのではなく、通常のミサの中で行われていた。ミサの手順を変えてしまっては効力がなくなってしまうと思われていたのである。

このため、交霊術の実践者の多くも、小遣い稼ぎのために少々危険な儀式に手を出してみようとしたカトリックの下級司祭だった。

また、(ロシア民話で日本でも知られているような)悪魔と契約を結ぼうとする人たちも存在した。しかしこの場合も、キリスト教を否定し、独自の教団を形成したわけではなかった。神を否定したのではなく、功利的・実用的理由で、富や力を得るために、力のある悪魔に頼った結果だった。つまりキリスト教の枠の中での御利益信仰の一形態だったのである。

よって、聖体を冒瀆する、悪魔の名のもとに子どもに洗礼を授けるといった瀆聖的な黒ミサは、魔女狩りを行う側から生まれた作り話だった。これまでの研究では、少なくとも一七世紀のルイ一四世宮廷毒殺事件では、実際に黒ミサが行われたのではないかといわれてきた。しかしルイクはこれについてもエビデンスは全くないため、尋問した側のでっちあげか、せいぜいグレー・ゾーンであるとしている。国王暗殺未遂の疑いがかけられた女性占い師らに対する尋問の記録の中に、司祭が裸体の女性を祭壇にし、子どもを生贄にするミサを捧げたという記述が現れるが、その記

ルイ14世宮廷毒殺事件で行われたと想像された「黒ミサ」(Jules Bois, *Le Satanisme et la Magie*, 1903)

録は事実起こったとはみなせないということをルイクは事件のコンテキストを解明しながら丹念に論じている。

以上をまとめれば、近代以前に存在する悪魔崇拝に関する一次資料は、どれも実際の悪魔崇拝を描写したものではなく、他者に対する根拠のない中傷が膨らんだものだった。初期キリスト教にあった、（ギリシャ・ローマの）多神教は悪魔崇拝であるという偏見と、（キリスト教内の）異端は非道徳的で瀆聖的な儀式を行うという噂《うわさ》が合わさり、キリスト教に対抗し、いかがわしい儀式を行い悪魔を崇拝する集団が存在すると信じる人たちが中世から近代初期にかけて増えていったのである。本書の異端―過激思想史という観点からは、近代以前の「悪魔崇拝」は、レッテルとしての「異端」の別名だったということが重要である。

「悪魔」のイメージチェンジ

他人を中傷するときに「悪魔崇拝者」呼ばわりしたということは、一七世紀まで「悪魔」は一貫してひたすら嫌悪すべきものとしてとらえられていたことを暗示する。そこに変化が起こり、悪魔がダーク・ヒーロー化するのが一八世紀である。その転換を起こしたのはイギリスのロマン主義文学だった。

一七八〇年代から九〇年代に、ロンドンで出版業を営むジョセフ・ジョンソン（一七三八

〜一八〇九）の周りに急進的（ラディカル）な思想を持った若い思想家や作家が集まり、文学サークルを作った。彼らはミルトンの『失楽園』に登場する悪魔に魅力を見い出し、ジョンソンは悪魔をかっこよく描いた『失楽園』を出版しようと、ウィリアム・ブレイク（一七五七〜一八二七）に挿絵を頼んだ。「善」は理性に従うので受動的だが、「悪」はエネルギーから飛び出し能動的だというプラスのイメージが、悪魔に重ね合わされた。サークル仲間のウィリアム・ゴドウィン（一七五六〜一八三六）は、最初のアナーキズムの本といわれる『政治的正義』を一七九三年に出版するが、そこでは悪魔は理不尽な仕打ちに対して抵抗し続けた者として描かれていた。彼に影響を受け悪魔をポジティブに描いた詩人に、パーシー・シェリー（一七九二〜一八二二）やジョージ・ゴードン・バイロン（一七八八〜一八二四）がいる。バイロンは、自分や仲間が「悪魔崇拝学派」などと批判されたものだから逆切れし、一八二一年に悪魔を主題とする戯曲『カイン』を書くに至った。

『カイン』は瀆神的だとセンセーションを巻き起こすが、そのためかえって有名になり、フランスではこれにインスパイアされたアルフレッド・ド・ヴィニー（一七九七〜一八六三）の『エロア』が人気を博した。ファンたちが恋人を悪魔になぞらえたり、青白い顔色が悪魔的だというので女性受けしたりといった社会現象が起こった。

なぜロマン主義文学では悪魔が賛美されたのか。ルイクは、革命とキリスト教批判の影響を挙げている。伝統に対抗し革命を起こす左翼的志向を持った文学者たちの間で、悪魔は専制君主に対して立ち上がる革命勢力の化身として表象されるようになった。また、革命は体制としてのキリスト教教会批判という面を持つが、ロマン主義者の間では、伝統的なキリスト教の神は、専制君主的であり生贄を求めるような点で非道徳的ですらあるという反感も広がっていた。その対極にあるものとして悪魔の株が上がり、新たな悪魔物語、悪魔神話が創造されていった。だが、彼らは悪魔の実在を信じていたわけではない。悪魔は、キリスト教に代わる新たな理念、すなわち善と悪は対立するものではなく相互に関係し合っており、理性は絶対的なものではなく、想像力と躍動する生に真の価値があるとする新たな世界観を象徴するものとして役割を与えられたのである。

突き詰めれば、彼らにとって悪魔が表しているのは、善も悪も、理性も想像力も併せ持つ全体としての人間であり、悪魔礼賛は人間賛美だったというのがルイクの解釈である。本書の関心からは、ロマン主義におけるかっこいい悪魔の登場が、社会の現状に対する問題意識と結びついていたことに注目したい。この自由を求める革命家としての悪魔像は、一九世紀のピエール・プルードン、ミハイル・バクーニンなどのアナーキストに引き継がれていった。

一九世紀世紀末の悪魔崇拝

ロマン主義文学では、悪魔は憧れの存在に転じるが、宗教儀式としての悪魔崇拝が行われたわけではなく、作品の題材としても黒ミサが使われたわけではなかった。それに対して、一九世紀の世紀末には、悪魔崇拝をモチーフとする文学作品がブームを巻き起こした。その発端となったのは、ジョリス＝カルル・ユイスマンス（一八四八〜一九〇七）の『彼方』（一八九一年）である。

『彼方』はフィクションだが、現存する悪魔崇拝教団をモデルにしているという前宣伝で売り出された。ストーリーは、作家デュルタルが、中世の悪魔崇拝者・連続殺人犯ジル・ド・レーについての小説を書く過程で、現代にも悪魔崇拝は存在していることを突き止めたというものだ。現代の最大の悪魔崇拝教団として言及されているのは、一八五五年にアメリカで創立された「更新幻術者協会 Ré-théurgistes optimates」である。この小説の中では、活動中の悪魔崇拝教団には三つの共通特徴があり、それは呪いを唱えること、悪魔、特にサキュバス（夢魔）を崇拝していること、そして黒ミサを行うことである。信者は富裕層で、黒ミサを執り行うのは正規の司祭たちである。というのも、黒ミサに必要な聖変化（ミサにおいてパンが聖体に変わること）を行えるのはそのような司祭のみであるためだが、そのような司祭の中でも最も恐ろしいのはドークルだった。小説のクライマックスは、デュルタルがついに、ドークルと現代の悪魔崇拝、おぞましい黒ミサを見る場面である。

ユイスマンスは自然主義から出発するが、それに飽き足らず、デカダン派の中心となっていった作家である。彼は同時代の華やかな消費文化としてのベル・エポックを嫌い、中世に慰めを求めた。当時のフランスでは、産業化・世俗化・政治的解放、またアメリカ化に対する反動として中世を理想化する動きがあったが、ユイスマンスは中世好きといってもカトリックの教義や道徳に回帰するつもりはさらさらなかった。彼にとって、キリスト教教会と同じように中世から存在し、しかも新たな世界を開くもの、それが、彼自身は中世から実在しているはずだと信じていた悪魔崇拝だった。『彼方』を書くにあたって、彼はリアルな悪魔崇拝を一目見ようと自ら調査を行った。

ユイスマンスはまず、当時流行していたオカルトの実践者たちに目をつけた。そのような現代の魔術師たちなら悪魔を崇拝し黒ミサを行っているだろうと思ったのである。そこで、ジョセフィン・ペラダン（一八五九〜一九一八）、スタニスラス・ド・ガイタ（一八六一〜九七）、ジェラール・アンコース（パピュス　一八六五〜一九一六）といったパリで活躍していたオカルティストと知り合いになるが、彼らは悪魔崇拝者ではなかった。というのも、オカルトでは何より重要なのは宇宙に遍在する力をオカルティストの意思により自らコントロールすることであり、悪魔を受動的に崇拝することではなかったからだ。そこでユイスマンスは次に、ジョゼフ・ブーラン（一八二四〜九三）という、カトリックから破門され自らの教団を構えていた司祭に接近した。悪魔崇拝者だという噂があったためである。しかし、会ってみると、ブーランはむしろ悪魔崇拝者と戦っている側であり、彼はユイスマンスに悪魔崇拝に関する大量の資料を与えた。ユイスマンスはそれらをもとに『彼方』を執筆した。

このように、ユイスマンスをめぐっては、『彼方』のストーリーと彼が実際に体験したことが交錯しているのだが、ルイクは、ユイスマンスが当時参照した資料をくまなく調べ、ユイスマンス本人もリアルな悪魔崇拝を一度も見ていないし、資料は幻覚体験の描写であるなど、情報源としていずれも信頼できるものではなく、『彼方』に描かれた悪魔崇拝は完全な創作であったと結論づけている。それは中世以来の異端に対するステレオタイプをただ踏襲したものだった。

本書のテーマにとって重要なのは、一八世紀ロマン主義者が社会批判として革命家たる悪魔像を構築したのに対して、ユイスマンスは同じく社会批判として中世回顧的な悪魔崇拝を探し求めたということである。変化したのは社会状況であり、世俗化・大衆化するフランス社会に嫌悪感を持ったのである。しかし、ユイスマンスの小説は中世的世界観そのままの再現ではない。というのも『彼方』に悪魔そのものは登場しないからである。ユイスマンスは超自然的現象が起こり得ることは信じていたが、一九世紀末を舞台とした小説に悪魔がリアルに登場したら、それは子ども向けのファンタジーのようになってしまう。あくまで焦点は、悪魔崇拝を行う人間たちにあったのである。また、ルイクは、悪魔崇拝の性愛的要素もユイスマンスを惹きつけたと考えている。彼が描く悪魔崇拝には性的描写が多いが、それは人間の最も低俗でありふれた本能をさらけ出すという点でデカダン的であった。

ともあれ、『彼方』は大ヒットし、フランスでは悪魔崇拝ブームが起きる。黒ミサを行うドークルのモデルになった司祭がいるブリュージュの聖血寺院には観光客が押し寄せるという騒動になった。

そのブームの中から、悪魔を崇拝していると公言する「パラディウム団」という教団が出現したという話が広がった。しかしこれは、世間をあっと言わせてやろうとしたジャーナリスト、レオ・タクシル（一八五四〜一九〇七）による完全なでっちあげで、狂言だったことをタクシルが自ら公の場で明かした。タクシルは元フリーメイソンの会員であると偽り、フリーメイソンが悪魔崇拝を行っているという偽の内部告発本を出版し、果てはパラディウム団の女性司祭を創作し、カトリック教会をも巻き込んで騒ぎを大きくしていった。フリーメイソン陰謀説は当時のフランスで盛んだったが、タクシルはそれに悪魔崇拝を重ね合わせたのである。すなわち、この事件は、他者を中傷するために悪魔崇拝の濡れ衣を着せる、「異端」化の一九世紀末ヴァージョンだったといえる。

タクシルの創作とは別に、実際に当時のフリーメイソンが悪魔崇拝を行っていたかどうかについては、ルイクはこれもまた資料を踏まえ、そうは考えにくいと結論づけている。当時、カトリック教会とフリーメイソンの対立は深まっており、その結果として「悪魔」が反教会・教権のメタファーとしてフリーメイソンにあてがわれるようになった例が見られるにすぎない。あるいはフリーメイソン側も自らを「悪魔」と結びつけることはあったが、それもあくまでメタファーのレベルであり、ロマン主義の革命的な悪魔像を踏襲したものだった。

悪魔崇拝の出現は二〇世紀に入ってから

このように、二〇世紀に入るまでの悪魔崇拝の事例は、いずれも事実無根の誹謗中傷か演技だった。二〇世紀に入るとついにリアルな悪魔崇拝者、自ら悪魔を崇拝していますと公言する悪魔教の信者たちが出現する。その先駆けは一九三〇年代のパリや、五〇年代のアメリカ・オハイオ州などに現れるが、いずれも長続きしなかった。それに対して一九六六年にカリフォルニアで生まれた「サタン教会 Church of Satan」は現在に続く悪魔崇拝の諸教団の親教団として有名である。

サタン教会の教祖、アントン・ラヴェィ（一九三〇〜九七）がサタン教会を創始するまでにどのような生活を送っていたか、確実なことは不明である。ミュージシャンとして生計を立てたり、イギリスのオカルティスト、アレイスター・クロウリー（一八七五～一九四七）の影響を受け、オカルトに傾倒したりといったことはあったようだ。なぜサタン教会を作ったのかについてもはっきりとはわかっていないのだが、これまでの宗教は人間を罪ある者、弱き者として否定的に見ていたのに対して、悪魔崇拝は人間を肯定するのだという思想を唱え出し、『サタンの聖書』を著した。黒ミサのほか悪魔崇拝式の結婚式などを考案し、公開したので、メディアにも注目されるようになった。

アントン・ラヴェイ　AP/アフロ

この動きが、一九六〇年代後半に高まるアメリカのカウンター・カルチャー運動において、ヒッピーの若者を中心にキリスト教離れが進んだという状況と切り離せないのは確かである。ただしラヴェイは、ラブ・アンド・ピースのヒッピーたちとはイデオロギーを異にしていた。二〇世紀の前半にはウィッカという魔女を自称する人々がイギリスやアメリカに現れ、ラヴェイはその要素も借用するが、ウィッカもフェミニズムや環境運動と呼応するカウンター・カルチャー運動としての側面が強い（ウィッカは悪魔崇拝者ではなく、女神・自然崇拝者である）。いささか単純

『サタンの聖書』に記された９つの声明

1. 悪魔は節制ではなく耽溺を表す。
2. 悪魔は幻想ではなく実存を表す。
3. 悪魔は偽善に満ちた自己欺瞞ではなく純粋な叡智を表す。
4. 悪魔は恩知らずを愛するような無駄なことはせず、値する者のみに情けをかけることを表す。
5. 悪魔は「右の頬を打たれたら、左の頬をも向けよ」ではなく復讐を表す。
6. 悪魔は精神的に弱い者を気にかけるのではなく責任を果たせる者に対して責任を持つ。
7. 悪魔は人間を表すが、その人間は獣に過ぎず、他の獣よりも良いこともあるがたいていは悪い。というのも、「聖なる精神と知性が発達した」ために、人間は全ての獣の中で最も邪悪なものになったからである。
8. 悪魔は罪といわれるものすべてを表す。というのも、罪はみな肉体的・精神的・感情的な欲求を満足させるからである。
9. 悪魔はキリスト教会の最良の友人だ。というのも、悪魔のおかげで教会は今日まで“失業”を免れたからだ。

化すれば、ヒッピーやウィッカは左翼的なカウンター・カルチャー、ラヴェイの悪魔崇拝は右翼的なカウンター・カルチャーという立ち位置にあった。その点で、ラヴェイの悪魔崇拝は、ロマン主義の悪魔礼賛の詩人たちとも対照的だった。

人間を肯定するラヴェイの思想はニーチェ哲学の通俗的解釈と社会進化論を融合したもので、キリスト教の奴隷道徳を批判し、力を肯定する、弱肉強食の社会観に基づいていた。ラヴェイによれば、人間は欲望を追求する存在であり、それは善いことであり、さらにいえば人間こそが神である。つまり悪魔とは、人間性としての神の別名なのだ。ラヴェイの悪魔崇拝思想の核心は、人間性に反する不自然なものを取り去ることにより現在の自己を超越し、肉的な純粋性を達成するというものだった。それは性に関しても個人の自由を最大限に重視するという意味を持ったが、ヒッピーのフリーセックスではなく、個人の性的倒錯を肯定するもので、隠微な黒ミサがその表現の場だった。

そのミサでは、壁には五芒星《ごぼうせい》とバフォメット（ヤギの頭をした悪魔の像）が飾られ、裸体の女性の祭壇の前で、角を付け黒いガウンをまとった司祭が、カトリックのミサをパロディ化した儀式を行った。それはそれまでは実在しなかったステレオタイプの黒ミサそのものだったのである。ただし、子どもを生贄にはしないといった「良識」も一定程度守られており、社会の方もその程度の教団であれば存在を許容し、迫害しなかったという点では、サタン教会の黒ミサはあくまで世俗化した現代社会の中の儀式であり魔術だったといえる。実際、ラヴェイ本人がどの程度真剣だったかもよくわからない。金儲けのために作り上げた虚構に自らのめりこんでいったという感がある。もっとも金目的というのは、彼の悪魔崇拝の場合は不純な動機にはならない。人間の欲望をそのまま肯定するのがその根本教義だったからだ。

一九七〇年代末からキリスト教の保守派が復活し始めると、サタン教会は「世界支配を狙う悪魔の手先たち」であるという陰謀説がそのようなクリスチャンの中から広まった（悪魔は人間性のメタファーだと割り切っていたラヴェイと異なり、悪魔の実在を信じていたのである）。

しかしラヴェイはこの悪魔崇拝教団陰謀説を逆手にとり、自分は大衆を操作し、世界を「サタンの時代」へと進化させるのだと言い出した。そして悪魔崇拝の目的を再定義するのだが、それは①社会の階層化、②教会（宗教団体）への課税、③同害復讐法（目には目を、歯には歯を）の復活、④人工的人型コンパニオン（いわゆる性具）の開発、⑤あらゆる人が自分の望む環境で暮らせるようにすること、の五つからなっていた。

五つの目的はどれも伝統的キリスト教の平等思想や道徳に対する反発という意味を持つのだが、教義論争に留まらない、社会変革を目ざすものであることが特に①に明確に現れている。これはクリエイティヴなエリートと一般大衆を分け、隔離策や優生学を国家が採用することを求めるものだった。来るべきは、創造性に富み、他に同調せずに自己を貫けるエリートが自由に活動できる世界であり、凡庸で流行に合わせるだけの大衆は排除し、ほかの惑星にでも強制移住させようというプランであった。

差別的なエリート主義という点でラヴェイの思想はナチズムに通じる。ラヴェイ本人はユダヤ系だったが、サタン教会の信者は白人ばかり、しかも中産階級以上の男性が多かったという。ラヴェイはアメリカに増えつつあったネオナチたちをサタン教会へリクルートすることを目論んだほか、大局的には、アメリカの右傾化に合わせて悪魔崇拝も発展し、右翼が自分の支持基盤になると踏んでいた。そこで、「悪魔崇拝はアメリカ的である」ことを戦略的に吹聴《ふいちょう》した。サタン教会を、来るべき右翼政権の精神的ブレーンにしようと企んだのである。

とはいえ、ラヴェイの思想の中心には自律的個人の解放という理念もあるため、「ファシスト」というよりも「右のアナーキズム」と呼ぶ方が適切だろうというのがルイクの見立てである。本書の関心に照らせば、他称としての「悪魔崇拝」が宗教的異端の別称だったのに対して、史上初のリアルな悪魔崇拝教団であるサタン教会は、奇想天外な方法での根本的世直しを試みる過激思想に基づいていたというところを特筆したい。ユイスマンスが小説という媒体で想像した、大衆社会批判としての悪魔崇拝を、現実社会で具現したのがラヴェイのサタン教会だったのである。

悪魔崇拝の若者文化における展開

実際にサタン教会が政治に大きな力を及ぼすことはなかったが、悪魔崇拝教団は分派を形成し世界に広がっていった。その展開と並行して、悪魔崇拝拡散の動力となったのは、ロック・ミュージック、特にヘヴィメタルとの結合である。

まず、一九八〇～九〇年代から悪魔崇拝的なブラック・メタルが流行るようになる。一八世紀ロマン主義では文学が悪魔崇拝と結合したが、二〇世紀には音楽を中心とした若者のサブカルが悪魔崇拝を取り入れた。ラヴェイのサタン教会とは別に、若者の間で悪魔崇拝の儀式が行われることは一九六〇年代末からあったとされているが、日本でいえば子どもがこっくりさんに熱中するような、遊びの類いだと見られ、あまり研究がなされておらず、実態はわかっていない。だがその層が一九八〇～九〇年代には悪魔崇拝メタルのファンと重なっていったということはいえるようだ。

その勃興期を経て、悪魔崇拝メタルが特に目立った活動をするようになったのは北欧である。特にノルウェーのブラック・メタルバンドには、悪魔崇拝を公然と掲げ、国内の方々のキリスト教教会に放火するという、思想を超えて実力行使に至った例がある。教会を攻撃するのは、もともと外来の宗教であるキリスト教を消し去り、祖国を浄化するためだった。この悪魔崇拝は、新異教主義（ネオ・ペイガニズム）と総称される、キリスト教到来以前に存在したヨーロッパ土着の宗教、北欧であればゲルマン神話の宗教の復活を試みる運動と連動するものである。北欧ではそれは政治的にはナショナリズムに結びつく。極右団体が精神的バックボーンとしてネオ・ペイガニズムを信奉する場合もある。悪魔崇拝はここでも「右のアナーキズム」という位置にあるのだ。いや、悪魔崇拝メタルバンドはラヴェイ以上にアナーキーかもしれない。最も過激なケースでは、ラヴェイが持っていた「良識」をあざ笑い、悪魔を、復讐と処罰を与える残酷な神とみなすだけでなく、実在すると信じ、さらに殺人事件も起こしているのである。

こういったブラック・メタルの担い手も白人・中産階級の若者だが、それはなぜなのか、ラヴェイは次のように説明したことがある。アメリカであれば、アフリカ系アメリカ人、ラティーノ系アメリカ人のようなエスニック・マイノリティの若者たち（その多くは労働者階級）は、それぞれに生活圏においてグループを形成し、自分たちらしさを表現する文化を創造してきた。アフリカ系アメリカ人であれば、ファンクやヒップホップという音楽やファッションがアイデンティティであり誇りであった。白人中産階級の若者にはそれに該当するグループが周りになかった。代わりに帰属対象となったのがスキンヘッドやヘヴィメタルであり、その果てに悪魔崇拝があるのだとラヴェイはいうのである。

ブラック・メタルやヘヴィメタルの全てが政治色を持つわけではないが、そのように特定の社会層と結合することにより、ファンが社会に対する不満を共有するということは十分にありえる。悪魔崇拝は、現在ではインターネット上で大小のグループを作り、さらに拡散を続けている。

以上のように、悪魔崇拝は時代とともに異端から過激へと変身を遂げた。中世をピークに、排除したい他者に貼りつけるレッテルだった異端としての悪魔崇拝は、一八世紀以降、若者が憧れるかっこいいものに変わっていった。そのかっこよさは、左・右の政治的方向性では両極端だが、社会に対して異議申し立てをするエネルギーに溢れているという点では共通する過激思想が作り出していたのである。ただし前章までに取り上げてきた宗教的過激思想とは違いもある。それらの思想は、やはり左・右の別はあるにしても、それぞれに善や正義を追求していた。それに対して悪魔崇拝は、特に最後のブラック・メタルの例が顕著だが、良い子ぶることを嫌い、邪悪たらんとし、他者に対する憎しみや攻撃をそれ自体として肯定しているところである。このために第三者からはその「世直し」は、大義を欠く単なる暴力として受け止められやすくなっている。

終章　宗教的過激思想とは何か

「はじめに」で述べたように、「宗教的過激思想」の語は、日本でも海外でも何を指すのかが十分に認識されないままに使われている。しかしここまでの考察により、宗教的過激思想とは何かがつかめたように思う。もちろん各事例にはそれぞれの特徴があるが、あえて共通性を割り出せば次のようになる。

「宗教的過激」の語は、何かをそう名指すレッテル貼りとして使われるときは、内容に関係なく、暴力的手段で要求を押し通そうとする特徴を指しているように見える。つまり、単に自分にとって危険な宗教思想や人々をひっくるめて表す言葉なのだと。

だが、本書各章で取り上げたような代表的な宗教的過激思想を通覧するならば、それらの考え方には意外なほど共通性が認められる。それは次の四点にまとめることができる。

①（その思想を掲げる側から見ての）公正な社会を求めている。公正さとは、経済的平等社会の場合もあるが、それに限定されず、人種差別のない状態、民族の独立などの場合もある。単に幸福な社会を求めているのではなく、公正という点が鍵である。言い換えれば、社会の現状は不公平だ、自分たちは割に合わない境遇を強いられているという意識がある。だから「糺さなければならない」という義憤に燃えることにもなる。

②切迫性がある。

③世俗的・近代的方法ではその社会的公正は達成できないと認識している。世俗的・近代的方法とは、多くの場合、西洋的民主主義やリベラリズム、さらに共産主義や宗教なき民族主義である。宗教と世俗勢力の対立がそれほど明確ではない状況においては、変形として、他の宗教や、同じ宗教の他の派では目標を達成できないとする主張が前面に出るケースもある。

④自分の宗教は公正さを実現する最善の方法を提供すると信じている。これには、公正に関する考えを共有する者同士の、国境を越えたユートピアを目ざす場合と、逆に国境線を強く引き、内部の民族的同質化を目ざす場合がある。

各思想に共通する四特徴

第1章から振り返れば、クトゥブの怒りは、異教徒よりも神の法（シャリーア）に従う社会の実現を阻むムスリムの為政者に向かっていた。彼らは既得権益を優先し、ムスリムにとって最も重要な義務を果たしていないと見たからである（①）。人間が作り出した西洋民主主義も社会主義も機能しておらず（③）、為政者による搾取が深刻化するばかりであり（②）、事態を改善できるのは神が与えた法を持つイスラムのみだ（④）と論じた。この理想は国民国家システムの否定＝カリフ制の樹立につながるものだった。

マルコムXが求めたのは黒人が差別され搾取されることのない、黒人たち自身の社会・国家であった（①）。公民権運動のさなかだったが、キング牧師のやり方では状況は改善されないと確信していた（②）。クトゥブと違い、マルコムXにおいてはイスラムの前にブラック・ナショナリズムという民族主義があった。依拠したのはシャリーアではなく人権思想だった。イスラムは「白人の宗教」であるキリスト教に対抗するカードとして何よりも意味を持っていたのである。しかしだからといって「政治目的のために宗教を利用した」という評価がそぐわないほど、彼は熱心にイスラムを信仰していた（③④）。

その一世紀前に、ブラウンは黒人奴隷を力ずくで解放しようとした。それはクリスチャンとしての慈善活動の延長線上にあるものではなく、奴隷制という社会的不公正への批判だった（①）。当時、奴隷制反対運動が盛り上がりつつあったが、南部人の性格を熟知していた彼は、穏健派の説得という方法では埒が明かない、実力行使しかないと考えた（②③④）。

身近な中絶クリニックを襲撃するプロテスタント保守派にとって、その行為は革命だった。危険な誘拐犯を子どもを助けるために殺害するのとは異なり、中絶を容認する法を持つ国家自体に挑むという意味を持つからだった（①②）。世俗的・近代的考え方は、妊娠した女性の中絶の権利を擁護するため、彼らにとっては敵対勢力であり、総じてリベラリズムはアメリカ社会をアン・フェアな状態に変えた元凶だった（③）。リベラリズムを倒すことによるキリスト教国家の建設は、アメリカとアメリカ人としての自分を取り戻す行為だった（④）。

暮鳥が描いたのは、（最終段階では王が説得により王位を放棄するという）非暴力革命だったが、出版当時はそれも過激だった。また、非暴力だから①〜④に該当しないかというとそうではなく、キリスト教精神に基づき格差のないコミューンを求め、ピュアな心を持った王女が言葉の力で王を改心させるという筋書きだった。

日召もまた経済格差の拡大、政党の無策ぶりに怒り、天皇の下で国民がみな平等である社会を、中間の特権階級を取り除くことで作り出そうとした（①）。合法的な手段による改革では遅すぎる、それほど状況は悪化しているととらえていた（②）。彼から見れば、他の改革派は左も右も私利私欲にとらわれ、望みはなかった（③）。自分の信念を信じる自信家だったが、田中智学のようなほかの日蓮主義者とは異なり、日蓮宗を世界に広めようとしたわけではなかった（④）。

ダライ・ラマの非暴力主義で知られるチベット仏教において焼身行為が続いているという事実は人を驚かせるが、それは中国政府の圧政に対する抗議という意味を持っている（①）。ほかの手を尽くし切った人々の極限の行為である（②）。ただしそれは世俗的な政治的抗議運動とは異なり、イデオロギーに身を捧げる行為ではなく慈悲行として位置づけられていた（③）。加害的行為は、慈悲の心・動機をもってすれば、自分に対してであろうと他人に対してであろうと「暴力」に該当しないというこの考え方は、因果応報という現世を超えて来世につながるタイムスパンでの公正を志向するものである（④）。

ユダヤのヒトラーといわれたカハネが演説で表現していたのは、自民族優越主義というよりもむしろまとまりのないユダヤ人に対する焦燥感だった（①②）。彼がアラブ人を蔑視していないことはあるまいと思うのだが、あくまで自分は人種差別主義者ではない、アラブ人にはただイスラエルから出て行ってもらいたいだけだと言い張った。同じユダヤ人のリベラル派や左翼運動は、ユダヤ教の伝統を放棄し、民族のアイデンティティと団結力を弱めるだけだと批判した（③）。彼が提示するユートピアは、戒律を守るユダヤ教徒の同胞だけが暮らすことにより、最も聖なる空間になったイスラエルだった（④）。

ヒンドゥー・ナショナリストは、インド独立以来の世俗的な国民会議派による政策がずっとムスリムを優遇してきたと不満を募らせていた（①②③）。自分たちは寛容だと言いつつ異教徒を差別し、排除する、逆説的な論理が彼らの思想に見てとれた。その論理は、ヒンドゥー教を宗教の一つとせず、ヒンドゥーのダルマ（法・真理）はインドの「生き方」なのだから、インド人全員が受け入れるべきとするものだった。ムスリムら宗教的マイノリティはそれに抵触しない範囲で、私的に自分の宗教を自由に実践すればよいというのである。インド内部の民族的同質化を推し進めるこのロジックは、日本の戦前の神道非宗教説に類似している（④）。

神道の事例としてはその戦前の思想ではなく、現代的観点からは政治的に左とも右とも位置づけられてきた安藤を選んだ。神道とイスラムはおよそ真逆の宗教だと思われているかもしれないが、安藤はクトゥブのように、搾取を引き起こしている人間が作った法とそれを超える法を分け、後者の実現により社会を変えることを提唱した（①）。飢饉の続く東北において事態は切迫しており、あらゆる職業の農業への転換を急務とした（②）。彼が対抗した思想は世俗的思想というより外来の儒教や仏教だったが、神道についても学としてのそれには批判的だったことから、知識人による合理化を極力排するという特殊性が見られる（③）。現代には、神道はゆるやかな宗教だというイメージがあるかもしれないが、安藤の「自然の神道」はそれ以外の生き方を全て認めない、先鋭的なものだった（④）。

世俗的過激思想との異同

①と②は世俗的な（宗教とは無関係の、政治的な）過激思想にも共通する特徴である。とすると、宗教的過激思想を、世俗的過激思想と、従来の異端の特徴を併せ持つものとしてとらえることもできる。すなわち、宗教的過激思想の典型は、「社会的公正を目ざす運動」としての現代の過激思想と、「ある宗教の本来の姿を追求する運動」としての近代以前の異端が合体したものである。

エホバの証人の信者が、その教義ゆえに輸血を拒否することは広く知られている。これは信者以外からは「過激」な信仰に見えるかもしれない。だが、これを宗教テロと呼ばれる行為と区別するのは、暴力の矛先が自分に向かっているか、他人に向かっているかという点だけではなく、その行為によって社会的公正を実現しようとしているかという点である。あくまでその人たちから見ての公正だが。

世俗的な過激思想との違いに目を向ければ、二〇世紀の政治的な過激派は、赤軍を代表とするように多くは左翼勢力だった。それに対して、現在の宗教的過激派・過激思想は、その多くが宗教的には「保守」、つまり右側に属するのである。この変化は、二一世紀に入って多くの先進国において指摘されている右傾化の文脈もあるが、宗教においては「昔はよかった」的な意識は、宗教を軽視する現代社会に対する信仰復興の呼びかけとして現れる。近代以前の異端が追求する「ある宗教の本来の姿」は、教義における論理的な問題、二元論か一元論か、汎神論か超越神か、布施を誰から受けるべきかといった二律背反やジレンマの中である特定の選択をすることだったが、現在の宗教的過激思想が追求する「本来の姿」は、前提となる宗教自体を取り戻すことである。

また、宗教的過激思想において、「社会的公正さの実現」という目的と宗教面がどのように合体しているのかについては、目的の内容と手段に分けることができる。すなわち

ア 社会的公正さの理想が教義と一致する、またはその理想を教義で正当化する。
イ 社会的公正さの実現に暴力を使うことを教義により積極的に意味づけ、正当化する。
（暴力は他人の身体に危害を及ぼすものだけでなく、国内からの強制的排斥、階級の強制的廃止なども含む）

という二側面がある。暴力の行使については、教義に具体的に結びつけられないままに、**ア**の実現のためには不可欠であるとされる場合もある。クトゥブ、マルコムX、ブラウン、

プロテスタント保守派、チベット仏教、カハネ、ヒンドゥー・ナショナリスト、安藤の思想にはアもイも含まれていた。日召については、『一人一殺』に限れば、アはあるが暗殺ないしテロ行為自体を仏教の概念によって説明し正当化するというところはなかった。暮鳥のテキストは童話であり、キリスト教の教義が直接参照されているわけではないので除外する。

近代以前の異端においては、千年王国運動というユートピア運動に結びついた例を除き、社会的公正を目ざす運動とある宗教の本来の姿を追求する運動との合体があまり見られない。異端の代表とされるカタリ派、不受不施派は後者のみであった。前者のみの例としては一向一揆が挙げられる（ただし近年の学説ではこれを階級闘争のようにとらえる説は批判されている）。

極端でありながら共感者もいるのはなぜか

他方、この二重性ゆえ、宗教的過激思想に対しては、その宗教的要素は政治目的を正当化するための手段にすぎない、つまり宗教を政治に利用しているだけだという批判も起こりやすい。ネイション・オブ・イスラムやヒンドゥー・ナショナリズムなど、政治目的がナショナリズムである場合はいっそうその傾向がある。しかし、この見方は、宗教は政治に関わるべきではないとする、客観的というよりもそれ自体が規範的な特定の宗教観―西洋近代リベラリズムの先入見によることにも注意が必要である。

なおかつ、前章で述べたように、宗教において取り組むべき問題が、個人の罪だけでなく植民地支配や多国籍企業による搾取など社会の構造的な暴力をも含むという認識が広がった結果でもある。そのようなグローバル社会の問題は簡単に解決するものでもないし、異議申し立てのメッセージを届けるべき先も広範である。これは、序章で触れたユルゲンスマイヤーが「コスミック戦争」と呼ぶテロリズムが二一世紀に入る頃から増えていることにもつながる。一六～一七世紀のヨーロッパ宗教戦争に比べて、現在の宗教的テロリズムは、単発的な少人数の事件が多く実効性が高い戦略には見えない。テロ組織を超える戦闘能力を持っていたISですら、アメリカ・イラクにより封じ込められるのは時間の問題だった。このため、現在の宗教的過激派のテロ・暴力行為は世界に対する異議申し立てのパフォーマンスという側面が強いことが指摘されている。

このように宗教的過激思想をとらえてみるならば、過激とは極端な思想であるはずなのに、共感者が多いケースがあるのはなぜかということにも説明がつく。過激思想とは、異常な思想というより、公正という問題につきまとう、社会内の「あれかこれか」というジレンマ・二律背反のうち、一方だけを理想として徹底したものだからである。西洋近代発の民主主義を社会の誰もがフェアであると納得する形で実現するのは容易なことではない。民主主義が衆愚政治にしかならないと絶望し、エリート主義に向かう人たちがいる。あるいは民主主義がその実態としてはエリートによる偽善的な支配だったと気づき、ポピュリズムが生まれることもある。いずれも、民主主義が閉塞状況に陥った時に「すっきりさせよう」として「あれかこれか」をどちらかに吹っ切ることで出現する思想である。多くの人が「一理はある」と認めている思想を突き詰め、いさぎよく振り子を一方向に振り切ったもの、それが過激思想なのだ。「はじめに」で紹介したような、過激化を抑えるための啓発活動が中途半端になりがちで、過激思想に惹かれる若者が後を絶たないのは、そのような運動が公正という問題につきまとうジレンマを直視せず、過激思想を単に異常思想として済ませることが一因なのではないか。

宗教的過激思想の特徴が明確化すると、ひるがえって近代以前の「異端」をも従来より実質的な形でとらえることができるかもしれない。徹底した禁欲主義を貫き腐敗した上級聖職者を批判したカタリ派や、もらえるものはもらっておけ、と誰からでも布施を受ける僧侶、誰にでも布施をしてご利益を求める信者を批判した不受不施派は、異常というより〝ピュア〟な人たちに見える。それは私たちの現代的視点からは、これらの異端は世俗的価値観にあわせて妥協するということを拒否しているからだ。しかし当時のコンテキストでは、これらの異端は、各宗教内の教義上の二律背反、カタリ派や不受不施派であれば心―信仰により救われるのか、身体の行も重要なのか、ほかの宗派の人たちも救われるのか、救いの道は一つだけなのか、といった対立する二項のうちの一方を極端に推し進めた人たちだった。異端も現在の過激も、なあなあでは済ませられない人たちなのである。そのような態度を「ピュア」と受け取るか「頑な」と受け取るか、判断する側の幅も大きくなる。

おわりに　「宗教的過激思想」が照らし出すもの

「宗教的過激思想」の内実がこのようにまとめられるならば、それに照らすと現在の日本社会はどう見えてくるだろうか。

まず「過激思想」とは一見して縁遠い社会である。暴力的手段に訴えてまで社会的公正を実現しようという考えが影響力を持つような潮流は見当たらない。それどころか、デモすらも過剰な政治的行為として避ける傾向がある。『民衆暴力』の著者、藤野裕子《ふじのゆうこ》氏は「大学の教壇に立っていると、「デモ」と「テロ」を混同している学生が多いことに気づく」と述べているが、二つが似たようなものだと思っているのは学生だけではないようだ。特定秘密保護法案に反対する市民デモについて、当時の自民党幹事長の石破茂《いしばしげる》は、「単なる絶叫戦術はテロ行為とその本質においてあまり変わらないように思われます」とブログで発言し、問題になった。SEALDs（自由と民主主義のための学生緊急行動）のような若者のデモ運動が他国ほど盛り上がらないとか、スウェーデンの環境活動家グレタ・トゥンベリさんに対する反応が冷ややかだといった例は枚挙にいとまがないほどである。特定の旗を掲げて声を上げることをためらうだけでなく、それを異常視する人が相対的に増えているのかもしれない。つまり、「はじめに」で述べたように二〇世紀の政治的過激派は穏健派の対義語だったが、現在の日本ではその対比の実感がかなり薄れ、「過激」と「異議申し立て」の境界が曖昧になり、まとめて「私たち」の外へと押し出されている。

そして「無宗教」を自認する人の多さも特徴的である。「日本人は無宗教だ」論については二つの用法を区別する必要がある。一つは記述的なもの、もう一つは因果説明的なものである。前者、すなわち「日本人には無宗教な人が多い」かどうかは、「宗教」の定義によって変わる。初詣や伝統的習俗を「宗教」に入れず、特定の教団に所属し、礼拝に頻繁に参加する人を「宗教的」と呼ぶならば、「無宗教の日本人」は確かに統計的にはマジョリティである。他方、「日本人は無宗教だ」論にしばしば伴われるのは、後者の「日本人は無宗教だから〇〇がない／××がある」説である。つまり「日本人にはあることが欠けている」または「日本人はココが優れている」と主張する際に、その原因を「無宗教」に帰すということがよく行われる。「日本人の多くがデモすらも忌避するのは、無宗教で、拠って立つ固い信念がないからだ」、あるいは逆に「日本人は無宗教だから平和的な国民なのだ」というような論法である。つまり、「無宗教の日本人」は、「宗教を持たず、デモやテロをしない日本人」だけでなく「宗教を持たないから、デモもテロもしない日本人」をも指すのである。

だが、そのように「宗教的／過激」と「無宗教／日本人」を反対物としてとらえるだけでは一面的かもしれない。二〇二〇年に浮上した新型コロナウイルス感染症の世界的流行により、社会の不平等がこれまで以上に拡大し、顕在化している。これまでであれば、告発する人に「過激」などの言葉をあてがうことで、直視を避けてきた社会問題が、毎日のように否応なしに目に飛び込んでくる。その一方で話題になっているのは、特定個人を自殺に追い込むようなSNS上の匿名の暴力である。政治学者の秦正樹《はたまさき》氏は、自分が「他の多くの日本人と同じような意見を持っている」と思う人ほど、つまり「普通の日本人」を自認する人ほど、陰謀論やネトウヨ的言説を信じやすいという調査結果を発表した。陰謀論も広義の宗教的言説ととれば、強固な信仰を持ち、かつ言葉の暴力をふるうが、自分は政治的には右でも左でもなく、過激ではないと思っている人たちが国内では存在感を増しているということになる。もちろん全ての日本人が陰謀論を信じたり個人攻撃をしたりしているわけではないのだが、この現象はいったい何なのか。

序章で用いた言葉を使えば、これは「思想内在的過激性」については自覚がなく、「外部反応の過激性」が突出するパターンといえるかもしれない。それに気づいて目を海外に転ずれば、アメリカでは陰謀論を信じて連邦議会を襲撃したトランプ前大統領支持者たちがいる。逮捕された大半の人は、襲撃まで極右集団との結びつきがなかったという。政治学ではポピュリズムなどといわれるが、こういった最近の事件では、思想というよりデマやふわっとした陰謀論が引き金になっている。宗教的過激思想の実際を知るほどに、「宗教」「過激」として外部に押し出していたものが、自らのうちにあるものとねじれた鏡像関係にあることが見えてくる。

あとがき

本書は二〇一六～二〇一七年度に東京大学と大正大学大学院で行った宗教学演習がもとになっている。ＩＳがシリアで版図を広げ、ＩＳに直接的・間接的に関係するとされるテロが各地で発生している状況を受けての試みだった。「イスラム」と「過激」という組み合わせをいったんほどき、宗教比較と歴史研究の視点から気になる思想を一つひとつ調べてみるということを行った。さらに受講生には思い思いに特徴的な宗教的過激思想を持ち寄ってもらった。カハネ主義や安藤昌益はその時に大正大学の宗教学の院生が選んだ例であり、またこの授業の前から東京大学の宗教学の学生にはクトゥブやジョン・ブラウンについて卒論を書いた者がいた。留学生の受講生の中には、チベット仏教についての日本や欧米の研究者のいわゆるリベラルな見方に対して疑問を投げかける人や、京都学派の問題性を熱く論じる人もいた。彼ら・彼女らとの意見交換なしには本書も着想以上に深まることはなかった。まず受講生全員にお礼を申し上げたい。

本書のテーマは、丸山眞男《まるやままさお》のO正統・L正統論や安丸良夫《やすまるよしお》のO異端・H異端論を想起させるかもしれない。だが、授業ではあえて既存の概念枠組みからではなく、テキストの読解からボトムアップ的にアプローチし、二〇一〇年代の問題関心と宗教学の知見に基づき、「宗教的過激」の特徴を抽出することに努めた。その成果を改めて整理したのが本書である。成功したかどうか、これまでにない論点が意義あるものとして示せているか、その評価は読者に委ねたい。

中央公論新社で本書の企画が通ったのが二〇一八年秋、当初はすぐに書けるだろうと思っていたのだが、実際には執筆の時間がなかなかとれなかった。ご迷惑をおかけしてしまった担当の吉田亮子さんにはお詫びと感謝の気持ちで一杯である。特にタイトルがなかなか決まらず、メールのやりとりは深夜に及んだ。

内容からすると「過激とされた宗教思想」が正確なのだが、それでは据わりが悪いとのこと。第二案の「宗教的過激思想」というストレートなタイトルでは漢字が続き、パッと見てわかりにくいという問題があった。最終的に「宗教と過激思想」になったが、連合赤軍などが主題だと誤解されないかと思い、「はじめに」で説明を補足させていただいた。そのようなやりとりに最後まで誠実におつきあいくださった、吉田さんの粘り強さには頭が下がりっぱなしである。

二〇二一年三月

藤原聖子

2018年。
Van Luijk, Ruben. *Children of Lucifer: The Origins of Modern Religious Satanism*, New York: Oxford U. P., 2016.

終　章

マーク・ユルゲンスマイヤー『グローバル時代の宗教とテロリズム——いま、なぜ神の名で人の命が奪われるのか』立山良司監修 古賀林幸・櫻井元雄訳、明石書店、2003年。

おわりに

秦正樹「「右でも左でもない普通の日本人」を自認する人ほど、陰謀論を信じやすかった…！」『現代ビジネス』講談社2020年12月3日。(https://gendai.ismedia.jp/articles/-/77698)
藤野裕子「民衆暴力を考える　向く先は権力か弱者か」『朝日新聞』2020年10月14日。
「米議会襲撃　トランプ氏の演説前に「プラウド・ボーイズ」は何を」BBCニュース・ジャパン2021年2月17日。(https://www.bbc.com/japanese/video-56020631)

若尾政希『安藤昌益からみえる日本近世』東京大学出版会、2004 年。
Golwalkar, M. S. "We or Our Nationhood Defined," in C. Jaffrelot ed., *Hindu Nationalism*, 2018 (first published in 1939).
Golwalkar, M. S. "Bunch of Thoughts" in C. Jaffrelot ed., *Hindu Nationalism*, 2018 (first published in 1966).
Jaffrelot, Christophe. *Hindu Nationalism: A Reader*, Princeton U. P./ Permanent Black, Kindle edition, 2018.
Kahane, Meir. *Forty Years*, The Institute of the Jewish Idea/ CreateSpace, 2016 (first published in 1983).
Kahane, Meir. *Never Again!: A Program for Survival*, Bnpublishing. Com., 2009 (first published in 1972).
Savarkar, V. D. *Hindutva: Who is a Hindu?*, S. S. Savarkar, 1969 (first published in 1923).（https://archive.org/details/hindutva-vinayak-damodar-savarkar-pdf/page/n1/mode/2up）
Shemer, Ze'ev. *Israel Redeemed: Rabbi Kahane's Last Speech*, CreateSpace, 2013.
Vajpayee, Atal Bihari. "Secularism, the Indian Concept" in C. Jafferlot ed., *Hindu Nationalism*, 2018 (first published in 1992).
"Excerpt: Irving Greenberg vs. Meir Kahane, Public Debate at the Hebrew Institute of Riverdale," Academic Studies Press.（https://www.academicstudiespress.com/asp-blog/2020/10/21/constructing-a-new-jewish-canon）

第 5 章

アンヌ・ブルノン『カタリ派——中世ヨーロッパ最大の異端』池上俊一監修、山田美明訳、創元社、2013 年。

菊地達也『イスラーム教——「異端」と「正統」の思想史』講談社、2009 年。

久保田浩「「ゲルマン的ネオ・ペイガン」は何に対抗しているのか」藤原聖子編『いま宗教に向きあう 3　世俗化後のグローバル宗教事情』岩波書店、2018 年。

星野英紀・池上良正他編『宗教学事典』丸善、2010 年。

堀米庸三『正統と異端——ヨーロッパ精神の底流』中公文庫、2013 年。

森本あんり『異端の時代——正統のかたちを求めて』岩波新書、

Gyatso, Tsultrim. "Golden Tear Drop," translated by International Campaign for Tibet, "Monks gather to pray after self-immolation of respected Tibetan monk in Amchok," December 20, 2013. (https://savetibet.org/monks-gather-to-pray-after-self-immolation-of-respected-tibetan-monk-in-amchok/)

Soepa, Lama. "Final Words of Lama Soepa Recorded in Audio Message to Tibetans," translated by Bhuchung D. Sonam, 2012. (https://sites.google.com/site/tibetanpoliticalreview/articles/tibetanlamaurgesunitynationhoodbeforeself-immolating)

Vehaba, Alana. "Buddhism, Death, And Resistance: What Self-Immolation in Tibet Has Borne," *Politics, Religion & Ideology*, 20/2, 2019.

"Tibetan Man Dies After Self-immolation Protest Against China," VOA News, November 29, 2019. (https://www.voanews.com/south-central-asia/tibetan-man-dies-after-self-immolation-protest-against-china)

第4章

安藤昌益『稿本自然真営道——大序・法世物語・良演哲論』安永寿延校注、東洋文庫402、平凡社、1981年。

尾崎正英・松本健一・石渡博明編著『日本アンソロジー　安藤昌益』光芒社、2002年。

近藤光博「ヒンドゥー・ナショナリズムと暴力——V・D・サーヴァルカル著『ヒンドゥトゥヴァ』読解」『南山宗教文化研究所研究所報』第8号、1998年。

中島岳志『ナショナリズムと宗教——現代インドのヒンドゥー・ナショナリズム運動』春風社、2005年。

三宅正彦編『安藤昌益の思想的風土　大館二井田民俗誌』そしえて、1983年。

山﨑庸男『安藤昌益の実像——近代的視点を超えて』農山漁村文化協会、2016年。

マーク・ユルゲンスマイヤー『グローバル時代の宗教とテロリズム——いま、なぜ神の名で人の命が奪われるのか』立山良司監修、古賀林幸・櫻井元雄訳、明石書店、2003年。

事例に」『現代宗教2016』国際宗教研究所、2016年。
岡村青『血盟団事件――井上日召の生涯』光人社NF文庫、2016年。
ケビン・カリコ「焼身しか策がないチベット人の悲劇」『ニューズウィーク日本版』2017年8月1日。（https://www.newsweekjapan.jp/stories/world/2017/08/post-8088_1.php）
杉木恒彦「戦士の宗教――インド仏教の戦争論の俯瞰からの試論」久保田浩他編『越境する宗教史』上巻、LITHON、2020年。
中島岳志『血盟団事件』文春文庫、2016年。
藤田庄市「麻原言説の解読」宗教情報リサーチセンター編（井上順孝責任編集）『〈オウム真理教〉を検証する――そのウチとソトの境界線』春秋社、2015年。
藤田光寛「〈菩薩地戒品〉に説かれる「殺生」について」『密教文化』191号、1995年。
「いのち追う　「自死」と仏教の関係　野呂准教授が講演」「大学倶楽部・龍谷大」『毎日新聞』2018年10月5日。（https://mainichi.jp/univ/articles/20181001/org/00m/100/014000c）
Okada, Emmi. "The Two Truths of Nonviolence: A Study of Vietnamese, Tibetan, and Japanese Mahayana Buddhist Movements for Peace," Ph.D. Thesis, 2017.（博士論文　東京大学大学院人文社会系研究科基礎文化研究専攻）
"Dalai Lama questions wisdom of self-immolations" BBC News, November 18, 2011.（https://www.bbc.com/news/world-asia-15799562）
"Dalai Lama talks about self-immolation," March 26, 2013.インドの主要なニュース・チャンネル、Times Nowによるインタヴュー。（http://www.phayul.com/2013/03/26/33263/）
His Holiness the Dalai Lama, "The Global Community and The Need for Universal Responsibility," first printed in India in 1990.（https://www.lamayeshe.com/article/global-community-and-need-universal-responsibility）
His Holiness the Dalai Lama, "The Reality of War," 2015.（https://www.dalailama.com/messages/world-peace/the-reality-of-war）
Dodin, Thierry. "Self-immolations of Tibetans, an interview with Thierry Dodin," 2014.（https://info-buddhism.com/Self-Immolation-Tibetans_Dodin.html）

Bray, Michael. "The Murder of God's Prophet," 2003. (https://www.armyofgod.com/MikeBray.html)
DeCaro Jr., Louis. *"Fire From the Midst of You": A Religious Life of John Brown*, New York & London: New York University Press, 2002.
DeCaro Jr., Louis. *Freedom's Dawn: The Last Days of John Brown in Virginia,* Lanham: Rowman & Littlefield, Kindle edition, 2015.
Douglass, Frederick. "John Brown Not Insane," *Douglass' Monthly*, November 1859. (https://goo.gl/h7rv7A)
North, Gary. "A Letter to Paul Hill," September 29, 1994. (https://reformed.org/ethics/a-letter-to-paul-hill-by-gary-north/)
Reynolds, David S. *John Brown, Abolitionist: The Man Who Killed Slavery, Sparked the Civil War, and Seeded Civil Rights,* New York: Vintage, Kindle edition, 2009.
Rudolph, Eric. "Between the Lines of Drift: The Memoirs of a Militant," third ed., 2015. (https://www.armyofgod.com/EricLinesOfDrift%201_18_15Opened.pdf)
Rudolph, Eric. "A Time of War : Is Armed Resistance to Abortion Morally Justified?," November, 2018. (https://www.armyofgod.com/PacifismChristian1.pdf)
"Parent and Family Involvement in Education: Results from the National Household Education Surveys Program of 2016," National Center for Education Statistics (https://nces.ed.gov/pubs2017/2017102.pdf)
"Extremism, Terrorism & Bigotry" Anti-Defamation League
https://www.adl.org/what-we-do/combat-hate/extremism-terrorism-bigotry
"Extremist Files," The Southern Poverty Law Center (https://www.splcenter.org/fighting-hate/extremist-files)

第３章

井上日召『一人一殺』新人物往来社、1972年。

大谷栄一『日蓮主義とはなんだったのか——近代日本の思想水脈』講談社、2019年。

岡田絵美「対立と包容の非暴力——大乗仏教における２つの運動を

サイイッド・クトゥブ『イスラーム原理主義のイデオロギー　サイイッド・クトゥブ三部作――アルカイダからイスラム国までオバマ大統領が憎む思想』岡島稔・座喜純訳、ブイツーソリューション、2015年。

イブン・タイミーヤ『イブン・タイミーヤ政治論集』中田考編訳、作品社、2017年。

中田考『カリフ制再興――未完のプロジェクト、その歴史・理念・未来』書肆心水、2015年。

保坂修司『ジハード主義――アルカイダからイスラーム国へ』岩波書店、2017年。

松山洋平『イスラーム思想を読みとく』ちくま新書、2017年。

マルコムX『黒人は武装する』ジョージ・ブレイトマン編、長田衛訳、三一書房、1968年。

マルコムX『いかなる手段をとろうとも』ジョージ・ブレイトマン編、長田衛訳、現代書館、1993年。

Malcolm X, "The Ballot or the Bullet," April 12, 1964.（https://americanradioworks.publicradio.org/features/blackspeech/mx.html）

Elijah Muhammad, *The Supreme Wisdom*, Vol.2, 1957.

"The Hate that Hate Produced," WNTA-TV, 1959.

第2章

日本児童文学学会・冨田博之・上笙一郎編『日本のキリスト教児童文学』国土社、1995年。

ゲイリー・ノース『中絶救助隊』床田亮一訳、暁書房、1993年。

松本昇・高橋勤・君塚淳一編『ジョン・ブラウンの屍を越えて――南北戦争とその時代』金星堂、2016年。

山村暮鳥『日本キリスト教児童文学全集3　山村暮鳥集　鉄の靴』教文館、1982年。

マーク・ユルゲンスマイヤー『グローバル時代の宗教とテロリズム――いま、なぜ神の名で人の命が奪われるのか』立山良司監修、古賀林幸・櫻井元雄訳、明石書店、2003年。

"John Brown's Last Speech," November 2, 1859.（https://www.encyclopedia.com/history/dictionaries-thesauruses-pictures-and-press-releases/john-browns-last-speech-2-november-1859）

参考文献

はじめに

ドゥニア・ブザール『家族をテロリストにしないために――イスラム系セクト感化防止センターの証言』白水社、児玉しおり訳、2017年。

序　章

レザー・アスラン『仮想戦争――イスラーム・イスラエル・アメリカの原理主義』白須英子訳、藤原書店、2010年。

藤原帰一『「正しい戦争」は本当にあるのか』ロッキング・オン、2003年。

マーク・ユルゲンスマイヤー『グローバル時代の宗教とテロリズム――いま、なぜ神の名で人の命が奪われるのか』立山良司監修、古賀林幸・櫻井元雄訳、明石書店、2003年。

Aslan, Reza. *How to Win a Cosmic War: Confronting Radical Religions,* London: Arrow, 2010.

Bainton, Roland H. *Christian Attitudes Toward War and Peace: A Historical Survey and Critical Re-Evaluation,* New York: Abingdon Press, 1960.

Juergensmeyer, Mark. "Cosmic War," *Oxford Research Encyclopedia of Religion*, 2016.（http://oxfordre.com/religion/view/10.1093/acrefore/9780199340378.001.0001/acrefore-9780199340378-e-65）

Miller, Joyce. "REsilience, violent extremism and religious education," *British Journal of Religious Education*, 35/2, 2013.

News Ethics, 01/11/2002（Society of Christian Ethics）

第1章

荒このみ『マルコムX――人権への闘い』岩波新書、2009年。

大類久恵『アメリカの中のイスラーム』子どもの未来社、2006年。

藤原聖子（ふじわら・さとこ）

1963年東京生まれ．86年東京大学文学部卒業，2001年シカゴ大学大学院博士課程修了（Ph.D.）．東京大学大学院人文社会系研究科准教授などを経て，17年から同教授．
著書『現代アメリカ宗教地図』（平凡社新書，2009）
『教科書のなかの宗教』（岩波新書，2011）
『世界の教科書で読む〈宗教〉』（ちくまプリマー新書，2011）
『ポスト多文化主義教育が描く宗教』（岩波書店，2017）
『世俗化後のグローバル宗教事情〈世界編Ⅰ〉』（編著，いま宗教に向きあう第3巻，岩波書店，2018）
ほか

宗教《しゅうきょう》と過激思想《かげきしそう》
中公新書 *2642*

2021年5月25日発行

著　者　藤原聖子
発行者　松田陽三

本文印刷　暁印刷
カバー印刷　大熊整美堂
製　　本　小泉製本

発行所　中央公論新社
〒100-8152
東京都千代田区大手町1-7-1
電話　販売 03-5299-1730
　　　編集 03-5299-1830
URL http://www.chuko.co.jp/

Published by CHUOKORON-SHINSHA, INC.
Printed in Japan　ISBN978-4-12-102642-2 C1214

中公新書刊行のことば

一九六二年一一月

いまからちょうど五世紀まえ、グーテンベルクが近代印刷術を発明したとき、書物の大量生産は潜在的可能性を獲得し、いまからちょうど一世紀まえ、世界のおもな文明国で義務教育制度が採用されたとき、書物の大量需要の潜在性が形成された。この二つの潜在性がはげしく現実化したのが現代である。

いまや、書物によって視野を拡大し、変りゆく世界に豊かに対応しようとする強い要求を私たちは抑えることができない。この要求にこたえる義務を、今日の書物は背負っている。だが、その義務は、たんに専門的知識の通俗化をはかることによって果たされるものでもなく、通俗的好奇心にうったえて、いたずらに発行部数の巨大さを誇ることによって果たされるものでもない。現代を真摯に生きようとする読者に、真に知るに価いする知識だけを選びだして提供すること、これが中公新書の最大の目標である。

私たちは、知識として錯覚しているものによってしばしば動かされ、裏切られる。私たちは、作為によってあたえられた知識のうえに生きることがあまりに多く、ゆるぎない事実を通して思索することがあまりにすくない。中公新書が、その一貫した特色として自らに課すものは、この事実のみの持つ無条件の説得力を発揮させることである。現代にあらたな意味を投げかけるべく待機している過去の歴史的事実もまた、中公新書によって数多く発掘されるであろう。

中公新書は、現代を自らの眼で見つめようとする、逞しい知的な読者の活力となることを欲している。

哲学・思想

中公新書

宗教・倫理

2293 教養としての宗教入門 中村圭志
2459 聖書、コーラン、仏典 中村圭志
2158 神道とは何か 伊藤聡
1130 仏教とは何か 山折哲雄
2135 仏教、本当の教え 植木雅俊
2616 法華経とは何か 植木雅俊
2416 浄土真宗とは何か 小山聡子
2365 禅の教室 藤田一照 伊藤比呂美
134 地獄の思想 梅原猛
989 儒教とは何か（増補版） 加地伸行
1707 ヒンドゥー教―インドの聖と俗 森本達雄
2261 旧約聖書の謎 長谷川修一
2076 アメリカと宗教 堀内一史
2360 キリスト教と戦争 石川明人
2453 イスラームの歴史 K・アームストロング 小林朋則訳
2639 宗教と日本人 岡本亮輔
2306 聖地巡礼 岡本亮輔
2310 山岳信仰 鈴木正崇
2499 仏像と日本人 碧海寿広
2598 倫理学入門 品川哲彦
2642 宗教と過激思想 藤原聖子

中公新書

現代史

f 1

2105 昭和天皇　古川隆久
2309 朝鮮王公族―帝国日本の準皇族　新城道彦
2482 日本統治下の朝鮮　木村光彦
632 海軍と日本　池田　清
2192 政友会と民政党　井上寿一
1138 キメラ―満洲国の肖像（増補版）　山室信一
2348 日本陸軍とモンゴル　楊　海英
2144 昭和陸軍の軌跡　川田　稔
2587 五・一五事件　小山俊樹
76 二・二六事件（増補改版）　高橋正衛
2059 外務省革新派　戸部良一
1951 広田弘毅　服部龍二
795 南京事件（増補版）　秦　郁彦
84 90 太平洋戦争（上下）　児島　襄
2465 日本軍兵士―アジア・太平洋戦争の現実　吉田　裕

2387 戦艦武蔵　一ノ瀬俊也
2525 硫《い》黄《おう》島《とう》　石原　俊
2337 特攻―戦争と日本人　栗原俊雄
244 248 東京裁判（上下）　児島　襄
2015 「大日本帝国」崩壊　加藤聖文
2296 日本占領史 1945-1952　福永文夫
2411 シベリア抑留　富田　武
2471 戦前日本のポピュリズム　筒井清忠
2171 治安維持法　中澤俊輔
1759 言論統制　佐藤卓己
828 清沢《きよさわ》　洌《きよし》（増補版）　北岡伸一
2638 幣原喜重郎　熊本史雄
1243 石橋湛山　増田　弘
2515 小泉信三―天皇の師として、自由主義者として　小川原正道

中公新書

現代史

f3

2590 人類と病 詫摩佳代
2451 トラクターの世界史 藤原辰史
2368 第一次世界大戦史 飯倉　章
27 ワイマル共和国 林　健太郎
478 アドルフ・ヒトラー 村瀬興雄
2553 ヒトラーの時代 池内　紀
2272 ヒトラー演説 高田博行
1943 ホロコースト 芝　健介
2349 ヒトラーに抵抗した人々 對馬達雄
2610 ヒトラーの脱走兵 對馬達雄
2448 闘う文豪とナチス・ドイツ 池内　紀
2329 ナチスの戦争 1918-1949 R・ベッセル 大山　晶訳
2313 ニュルンベルク裁判 A・ヴァインケ 板橋拓己訳
2266 アデナウアー 板橋拓己
2615 物語 東ドイツの歴史 河合信晴

2274 スターリン 横手慎二
530 チャーチル（増補版） 河合秀和
2578 エリザベス女王 君塚直隆
1415 フランス現代史 渡邊啓貴
2356 イタリア現代史 伊藤　武
2221 バチカン近現代史 松本佐保
2538 アジア近現代史 岩崎育夫
2586 東アジアの論理 岡本隆司
2437 中国ナショナリズム 小野寺史郎
2600 孫基禎《ソン・ギジョン》―帝国日本の朝鮮人メダリスト 金　誠
2034 感染症の中国史 飯島　渉
1959 韓国現代史 木村　幹
2262 先進国・韓国の憂鬱 大西　裕
2602 韓国社会の現在 春木育美
1876 インドネシア 水本達也
2596 インドネシア大虐殺 倉沢愛子
1596 ベトナム戦争 松岡　完

2330 チェ・ゲバラ 伊高浩昭
1664 1665 アメリカの20世紀（上下） 有賀夏紀
2626 フランクリン・ローズヴェルト 佐藤千登勢
1920 ケネディ―「神話」と実像 土田　宏
2383 ビル・クリントン 西川　賢
2527 大統領とハリウッド 村田晃嗣
2479 スポーツ国家アメリカ 鈴木　透
2540 食の実験場アメリカ 鈴木　透
2504 アメリカとヨーロッパ 渡邊啓貴
2415 トルコ現代史 今井宏平
2163 人種とスポーツ 川島浩平
2643 イギリス1960年代 小関　隆